Compromisso de Ajustamento de Conduta Ambiental

Fundamentos, natureza jurídica, limites e controle jurisdicional

Rodrigo Fernandes

Mestre em Direito pela Universidade Católica de Santos.
Pesquisador na Área de Tutela Processual do Meio Ambiente.
Professor de Processo Civil da Universidade Católica de Santos.

Compromisso de Ajustamento de Conduta Ambiental

Fundamentos, natureza jurídica, limites e controle jurisdicional

RENOVAR
Rio de Janeiro • São Paulo • Recife
2008

Todos os direitos reservados à
LIVRARIA E EDITORA RENOVAR LTDA.
MATRIZ: Rua da Assembléia, 10/2.421 - Centro - RJ
CEP: 20011-901 - Tel.: (21) 2531-2205 - Fax: (21) 2531-2135
FILIAL RJ: Tels.: (21) 2589-1863 / 2580-8596 - Fax: (21) 2589-1962
FILIAL SP: Tel.: (11) 3104-9951 - Fax: (11) 3105-0359
FILIAL PE: Tel.: (81) 3223-4988 - Fax: (81) 3223-1176

LIVRARIA CENTRO (RJ): Tels.: (21) 2531-1316 / 2531-1338 - Fax: (21) 2531-1873
LIVRARIA IPANEMA (RJ): Tel: (21) 2287-4080 - Fax: (21) 2287-4888

www.editorarenovar.com.br   renovar@editorarenovar.com.br
                              SAC: 0800-221863
© 2008 by Livraria Editora Renovar Ltda.

Conselho Editorial:

Arnaldo Lopes Süssekind — Presidente
Caio Tácito (*in memoriam*)
Carlos Alberto Menezes Direito
Celso de Albuquerque Mello (*in memoriam*)
Luiz Emygdio F. da Rosa Jr.
Nadia de Araujo
Ricardo Lobo Torres
Ricardo Pereira Lira

Revisão Tipográfica: Júlio Boto

Capa: Sheila Neves

Editoração Eletrônica: TopTextos Edições Gráficas Ltda.

Nº 0511

CIP-Brasil. Catalogação-na-fonte
Sindicato Nacional dos Editores de Livros, RJ.

F306c
Fernandes, Rodrigo
    Compromisso de ajustamento de conduta ambiental — Fundamentos, natureza jurídica, limites e controle jurisdicional / Rodrigo Fernandes. — Rio de Janeiro: Renovar, 2008.
    215p. ; 21cm.

    ISBN 978857147-681-3

    1. Direito ambiental. I. Título.

CDD 346.810922

Proibida a reprodução (Lei 9.610/98)
Impresso no Brasil
Printed in Brazil

À Deborah Ibrahim Martins de Castro, querida esposa companheira de caminhada profissional e acadêmica, cuja cumplicidade foi de inestimável valor para a conclusão deste trabalho;

A meus pais, irmãos e avós pelo carinho e compreensão valorosos nos momentos mais agudos do percurso.

PREFÁCIO

Um bom trabalho jurídico exige muito mais do que a escolha de um grande tema. É necessária a disponibilidade de levantar questões e a capacidade de enfrentá-las, com sinceridade e eqüidistância em relação aos interesses concretos a elas relacionados. O impulso do mercado jurídico e editorial tem enchido nossas prateleiras de belos títulos, mas de pouquíssimo conteúdo. Muitas obras acabam tornando-se meros resumos de posições conhecidas, não obstante pouco elucidativas. Esse tipo de livro, pode-se estar certo, traz tudo, menos as respostas para os problemas relacionados ao tema tratado. Outra espécie de publicação jurídica, ainda pior, é aquela na qual o autor, visando a interesses muito distantes de qualquer seriedade científica, faz do livro uma continuação de sua prática profissional, transformando seu texto em uma mistura de petição forense e panfleto político, de nenhuma qualidade literária e de nenhum proveito para o estudo do Direito.

Os programas de pós-graduação estabelecidos em bases acadêmicas sérias, como é o caso do Programa de Mestrado da Universidade Católica de Santos – UNISANTOS, têm uma resposta a dar a esse triste quadro de empobrecimento de nossa cultura jurídica, propiciando espaços de reflexão verdadeira e de efetiva pesquisa acadêmica, nutrindo, com isso, trabalhos, a um só tempo, inovativos e de conteúdo palpável. A obra de Rodrigo Fernandes agora trazida a público se insere nesse contexto. Apresentada originalmente como dissertação naquele programa de mestrado, este trabalho foi urdido em um ambiente de pesquisa e investigação científica, tendo a honra de estar sendo publicado pela Editora Renovar, destacada pela qualidade das obras jurídicas de seu catálogo.

Neste trabalho, de cuja aprovação participei na condição de orientador, em banca composta pelos Professores Kazuo Watanabe e Solange Teles da Silva, o autor levanta e enfrenta, com verdadeiro espírito acadêmico, as principais questões relacionadas ao tema escolhido, não fugindo dos embates teóricos e práticos mais profundos e problemáticos. Bom para o leitor, que poderá encontrar aqui soluções e material para uma compreensão aprofundada dos problemas tratados. Uma das premissas da qual parte este trabalho é a disposição de localizar e responder aos problemas colocados pelo tema escolhido.

O Compromisso de Ajustamento, objeto deste livro, tem se firmado como um instrumento essencial para a proteção dos interesses coletivos, em especial daqueles relacionados ao meio ambiente. Numerosas situações de dano ou de ameaça de lesão a direitos da coletividade são solucionadas por meio desse instrumento jurídico, estabelecido em negociação direta do interessado com o Ministério Público ou com outras entidades estatais. As matérias tratadas, a pluralidade de sujeitos envolvidos, o largo espectro de sua repercussão, a face técnica comumente envolvida e a novidade de sua utilização em nosso direito, entre outras características, fazem do Compromisso de Ajustamento objeto de muitas polêmicas.

A compreensão do papel e da importância do Compromisso de Ajustamento está hoje ligada à sua função de um mecanismo alternativo de solução de controvérsias, isto é, das pendências ambientais – e também relacionadas a outros interesses coletivos – serem solucionadas diretamente com o responsável pela ameaça ou lesão, sem a necessidade da propositura de uma ação judicial. A composição direta de interesses em conflito, em especial daqueles coletivos e pautados em circunstâncias de extrema contingencialidade, crescentemente mostra-se a solução mais rápida e adequada fora do processo judicial. Nesse sentido, o presente trabalho, logo de início, contextualiza o estudo proposto no contexto da *Alternative Dispute Resolution* – ADR (Capítulo 1).

O correto enquadramento do bem objeto da composição de interesses, entretanto, é fundamental para poder-se examinar seu cabimento. A esse propósito, o Capítulo 2 desta obra sustenta o "antropocentrismo mitigado" da legislação ambiental brasileira, demonstrando que, não obstante o direcionamento de nossa legislação à preservação da qualidade da vida humana no ambiente, nosso direito obedece, também, a um viés ecocêntrico, valorizando as demais formas de vida como bens autônomos.

Sob outro aspecto, para entender a totalidade das repercussões e limitações do instituto estudado, necessário se faz um posicionamento prévio quanto à sua natureza jurídica. Essa discussão, para além dos embates conceituais, é necessária para que se possa definir concretamente o regime jurídico no qual se enquadra o Compromisso, possibilitando-se, com isso, delimitar sua extensão. A essa tarefa Rodrigo Fernandes dedicou o Capítulo 3 de seu trabalho.

Firmadas essas premissas, a obra inicia sua incursão nos mecanismos jurídicos de funcionamento do Compromisso de Ajustamento (Capítulos 4, 5 e 6). Para compreender, necessário discernir. Nesse sentido, importante a distinção trazida a efeito, distinguindo o Compromisso do acordo judicial e do ajustamento de conduta previsto na Lei 9.505/98 (Lei de Crimes Ambientais). Também importante a explicitação de sua repercussão no âmbito cível, administrativo e criminal.

O melhor teste, de tudo o que se pesquisou e concluiu acerca do Compromisso de Ajustamento, é colocá-lo sob a perspectiva do exame judicial, cogitando daquelas hipóteses nas quais se poderia submetê-lo à revisão jurisdicional. Coerente com a posição assumida, no sentido do Compromisso ser uma espécie de contrato administrativo, o Capítulo 7 invoca a possibilidade de seu controle jurisdicional aplicável a todo ato do poder público. A esse propósito, o trabalho cogita, analiticamente, de três possibilidades: (1) a insuficiência do ajuste, considerando outros fundamentos de fato ou de direito; (2) sua ilegalidade; e (3) a discussão quanto ao total ou parcial adimplemento do Compromisso. Finalizando essa análise, o papel do Judiciário a esse propósito é analisado a partir de modelos propostos por Owen Fiss e François Ost.

Um estudo de caso encerra o livro, com a finalidade de dar aplicação concreta aos pressupostos teóricos desenvolvidos ao longo do trabalho. Como todo estudo dessa espécie, o caso foi escolhido por seu caráter de exemplaridade, o que, por certo, não permite generalizações, mas serve para trazer para um plano concreto várias das indagações levantadas ao longo do estudo desenvolvido.

Por tudo isso, tem-se a certeza de que esta obra traz uma relevante contribuição para o estudo do tema tratado, podendo ajudar a estudiosos e profissionais dedicados a essa matéria. Mais do que isso, pode-se afirmar que este livro representa a consagração de um sério e responsável esforço de pesquisa e constitui uma importante contribuição para a cultura jurídica nacional.

Carlos Alberto de Salles
Professor Doutor do Departamento
de Direito Processual da USP.

SUMÁRIO

Introdução 1
1. Interesses coletivos 11
   1.1 Bases teóricas da ADR - Alternative Dispute Resolution 19
2. O meio ambiente: conceito jurídico e autonomia 29
   2.1 Natureza antropocêntrica do meio ambiente 34
   2.2 Natureza ecocêntrica do meio ambiente 37
   2.3 A legislação ambiental brasileira e sua postura antropocêntrica mitigada 40
   2.4 O meio ambiente como objeto de proteção jurídica 47
3. O compromisso de ajustamento de conduta da Lei 7.347/85 53
   3.1. Natureza jurídica 56
      3.1.1 Hipótese contratualista 56
      3.1.2 Hipótese Administrativista 64
      3.1.3 Posicionamento adotado neste trabalho 67
      3.1.4. Ajustamento de conduta e acordo judicial 84

4. Limites do compromisso de ajustamento de
conduta 93
   4.1 A configuração do dano ambiental 95
      4.1.1 A tolerabilidade do dano ambiental 99
   4.2 A discricionariedade administrativa no
   ajustamento de conduta 109
      4.2.1 Limites à discricionariedade 117
   4.3 Sistemática da reparação ambiental: hierarquia
   de condutas 122

5. Ajustamento de conduta da Lei 9.605/98 127

6. Repercussão do compromisso de ajustamento de
conduta nas esferas cível, administrativa e penal 133

7. Controle jurisdicional do compromisso de
ajustamento de conduta 147
   7.1 A Insuficiência do ajustamento diante de novos
   fundamentos de fato ou de direito 150
   7.2 A alegação de ilegalidade do compromisso 152
   7.3 Do inadimplemento total ou parcial do
   ajustamento de conduta 155
   7.4 A teoria da reforma estrutural aplicada ao
   processo coletivo brasileiro: os limites estruturais da
   cognição judicial do ajustamento de conduta 158
   7.5 Os modelos Júpiter, Hércules e Hermes: uma
   proposta de atuação judicial no ajustamento de
   conduta.. 169

8. Estudo de caso 177
   8.1 O caso do compromisso de ajustamento de
   conduta entre empreendedores do loteamento
   Iporanga e Ministério Público — Guarujá/SP:
   apresentação do problema 178
   8.2 Das premissas do compromisso firmado 184

8.3 Da posição do Ministério Público e do Conselho Superior.. 188
8.4 Da posição do Judiciário: interesse de agir e coisa julgada na ação homologatória e na ação anulatória do ajustamento de conduta. 192
8.5 Conclusões do estudo de caso 198

9. Conclusão 201

Referências bibliográficas 209

Introdução

O presente trabalho propõe-se a discutir o compromisso de ajustamento de conduta no campo da proteção ao meio ambiente, aprofundando o estudo deste instrumento e de suas implicações dentro e fora do processo judicial.

O impulso pelo tema surgiu da necessidade de compreensão do instrumento como parte integrante do sistema jurídico preexistente e das conseqüências advindas da ruptura que a concepção dos direitos coletivos em sentido amplo[1] provocou em alguns institutos jurídicos ainda vigentes.

Para a melhor interação do ajustamento de conduta no direito ambiental faz-se necessária uma passagem pela evolução da tutela processual deste direito ou interesse[2] que

---

1 Termo que utilizaremos quando não houver o intuito de tratar os direitos coletivos de forma distinta, como definido pelo Código de Defesa do Consumidor.

2 Não distinguiremos direitos de interesses, pois adotaremos a posição do Prof. Kazuo Watanabe, para quem: "(...) *certo é que, a partir do momento em que passam a ser amparados pelo direito, os 'interesses' assumem o mesmo status de 'direitos', desaparecendo qualquer razão prática, e mesmo teórica, para a busca de uma diferenciação ontológica entre eles.*" In: GRINOVER, Ada Pellegrini et al. *Código brasileiro de defesa do consumidor comentado pelos autores do anteprojeto.* 4ª ed. Rio de Janeiro: Forense Universitária, 1995, p. 500.

pertence a uma coletividade indeterminada, conceituado pela legislação como direito ou interesse difuso.

Para tanto, no Capítulo 1, proceder-se-á à identificação da gênesis da tutela dos interesses difusos, bem como a importância de CAPPELLETTI para a renovação processual.

Partindo do princípio de que o modelo de tutela jurídica dos interesses difusos, surgido da conjugação entre a segunda e terceira onda renovatória do processo, nasce da fluidez desses direitos que se manifestam em determinadas circunstâncias de tempo e espaço, nota-se a necessidade de aplicação da tutela com base em regras suficientemente flexíveis, visando exclusivamente à eficácia dos instrumentos.

O desenvolvimento do tema parece mostrar que o sistema jurídico, ao propor a normatização e tutela dos interesses difusos, na realidade, buscou o caminho inverso do modelo tradicional ao não partir de regras genéricas para atender aos casos concretos.

Ainda em busca da efetividade na solução de conflitos, será introduzida a idéia dos meios alternativos de resolução — ADR's, na qual se insere o compromisso de ajustamento de conduta. Esta teoria ganhou vulto e resultado ao aliar a celeridade e a qualidade da composição privada de controvérsias, mas suscita questionamentos quanto a sua adequação para as questões que envolvem interesses difusos e coletivos. É importante saber, também, qual o papel do Judiciário dentro do cenário de evolução das ADR's.

Para tratar das peculiaridades do interesse envolvido, no Capítulo 2 o trabalho enfoca a discussão no direito ambiental dentro da gama de direitos ou interesses difusos, iniciando pela evolução da normatização ambiental global e nacional.

Para isso, é necessário o estudo da evolução das discussões que envolvem as visões ecocêntricas e antropocêntricas do meio ambiente, bem como suas repercussões legislativas, demonstrando que o valor do bem ambiental sofre importante variação à medida que se adota cada posição, repercutindo nas idéias de dano, tolerabilidade e reparação.

Iniciando, assim, a formação da base para a análise da legitimidade e finalidade da tutela processual do meio ambiente em si mesmo considerado, ou por sua função dentro do sistema ecológico, o Capítulo é concluído com a análise do conceito de direito ao meio ambiente ecologicamente equilibrado e delimitação do seu objeto, bem como dos elementos que o compõem.

O tema se põe para constatar que, à medida que se aproxima da visão ecocêntrica, o conceito de meio ambiente vai perdendo abstração e ficando cada vez mais limitado para considerar individualmente os elementos que o compõem. Em sentido oposto, aproximando-se da visão antropocêntrica mitigada, é possível uma concepção mais ampla do pretendido com um meio ambiente ecologicamente equilibrado, objeto do compromisso de ajustamento de conduta ambiental.

O Capítulo 3 adentra ao estudo do ajustamento de conduta, abrangendo tanto a alternativa política como a jurisdicional para a solução de conflitos envolvendo os interesses coletivos.

O tema se problematiza, inicialmente, no que se refere ao real conceito jurídico do instrumento. Não possuindo os particulares ou até mesmo os entes públicos que o celebram ideal noção a respeito da natureza do termo, carecem de parâmetros quanto ao regime jurídico aplicável, direitos e deveres. Não se definiu com clareza qual a real extensão da disposição quanto ao objeto do compromisso.

Partindo do princípio de que o ajustamento de conduta seja um negócio jurídico obrigacional, serão desenvolvidas três hipóteses básicas para o problema. O trabalho detalhará os fundamentos que consideram o ajustamento como transação, contrato ou ato administrativo.

Para isso, é necessário saber se a manifestação de vontade adquire natureza transacional civil (e, portanto, decorrente da livre disposição paritária entre as partes); contratual ou unilateral, aos moldes do ato administrativo propriamente dito.

Para demonstrar o quadro em que se encontra o presente embate doutrinário, apresenta-se alguns aspectos da controvérsia:

Segundo MILARÉ[3], o compromisso de ajustamento possui natureza de "transação", tal qual a prevista no direito civil e, refutando as posições em contrário, entende que, não admiti-la simplesmente por não se tratar de direito patrimonial privado e disponível, seria fechar os olhos à realidade numa pura e incompreensível reverência aos conceitos.

No entanto, na mesma obra, negando o caráter civilista da transação, defende posição absolutamente restritiva quanto à possibilidade de transigência com relação ao objeto do compromisso: "O que seria objeto do pedido na ação civil deve estar presente no compromisso. Admite-se convenção apenas no tocante às condições de cumprimento das obrigações".[4]

Assumindo outra posição quanto à natureza do instituto, CARNEIRO assevera que:

---

3 MILARÉ, Edis. *Direito do Ambiente*. São Paulo: RT, 2000, p. 394-396.
4 Idem, loc. cit.

O conteúdo do compromisso de ajustamento de conduta está mais próximo do reconhecimento de uma obrigação legal a cumprir, de um dever jurídico. Não existe tecnicamente uma transação, até porque esta pressupõe concessões mútuas, situação que seria impossível em sede de direitos difusos e coletivos, indisponíveis que são[5].

Ainda com relação à natureza do instituto, podem ser encontrados posicionamentos que o qualificam como um acordo em sentido estrito e, portanto, uma obrigação unilateral assumida pelo administrado, sem guardar qualquer obrigação por parte da Administração Pública tomadora do compromisso[6], seria algo próximo a um ato administrativo.

O trabalho desenvolverá a discussão surgida acerca da possibilidade ou não de se celebrar o compromisso de ajustamento na esfera judicial, traçando o diferencial entre o compromisso de ajustamento de conduta e o acordo judicial.

O Capítulo 4 desenvolve um tema que surge em decorrência da inexatidão dos conceitos acima demonstrados. Tratam-se dos limites aos termos do ajuste que compreende interesses difusos, cuja titularidade não pertence ao tomador com exclusividade. O problema consiste em saber quais os parâmetros discricionários ou vinculados que informam a ocorrência de dano ou risco de dano ambiental

---

[5] CARNEIRO, Paulo Cezar Pinheiro. *A proteção dos direitos difusos através do compromisso de ajustamento de conduta previsto na lei que disciplina a ação civil pública*, 1992.Tese apresentada e publicada nos anais do 9º Congresso Nacional do Ministério Público, Bahia, Livro de Estudos Jurídicos nº 6, do Instituto de Estudos Jurídicos, 1993, p. 400.
[6] AKAOUI, Fernando Reverendo Vidal. *Compromisso de ajustamento de conduta ambiental*. São Paulo: RT, 2003, p. 70-71.

ensejadores do ajustamento de conduta e quais as bases interpretativas que fixam limites do que dispõem suas cláusulas.

O Capítulo 5 se ocupará de destacar a mais recente modalidade de ajustamento criada pelo artigo 79-A da Lei 9.605/98. Conforme este diploma, os órgãos componentes do Sistema Nacional do Meio Ambiente — SISNAMA passaram a possuir legitimidade para celebrar compromissos de ajustamento de conduta que podem assumir natureza diversa do ajustamento previsto na Lei da ação civil pública. O trabalho analisará este instrumento, buscando sua natureza jurídica, seus limites e objetivos dentro do sistema de proteção ambiental.

Tendo em vista a previsão legal da tríplice responsabilidade em matéria ambiental, o Capítulo 6 estudará as repercussões dos efeitos do compromisso nas esferas cível, administrativa e penal.

Numa primeira hipótese, não se admitiria qualquer vinculação penal ou administrativa quando o compromisso firmado limitar-se à sede do inquérito civil. Aliás, não se admitiria vinculação sequer em relação aos outros co-legitimados para a propositura da ação civil pública, não havendo, destarte, nenhuma previsão de segurança jurídica nessa matéria.

A segunda hipótese seria de interdependência na celebração do ajustamento de conduta perante qualquer dos legitimados que, além de proibir a rediscussão da matéria em ação civil, faria desaparecer a necessária "justa causa" para a proposição de ação penal versando sobre os mesmos fatos[7].

---

7   Cf. extinto Tribunal de Alçada Criminal do Estado de São Paulo, Ementa nº 127304, HC 409326/4, 10ª Câmara, Rel. Breno Guimarães, j. 26.06.2002.

A delimitação da repercussão entre as instâncias de responsabilidade tem o condão de determinar o grau de segurança jurídica emanada dos compromissos de ajustamento de conduta, quesito necessário para se aferir as vantagens e/ou desvantagens advindas da celebração.

O Capítulo 7 cuidará do controle jurisdicional do ajustamento de conduta e o seu grau de cognição, em cada caso. Uma vez reconhecido o ajustamento de conduta como instrumento jurídico que visa criar uma alternativa, preferencialmente extraprocessual, eficiente e ampla na proteção dos recursos naturais, será necessário indagar qual o grau de cognição que pode ser atribuído ao juiz quando do controle jurisdicional, ou, por outro lado, sob que condições admitir-se-ia a cognição daqueles celebrados fora do ambiente processual.

Trata-se de saber qual o nível de controle jurisdicional existente para os compromissos de ajustamento de conduta em matéria ambiental e quais as suas condicionantes inseridas no contexto do sistema de freios e contrapesos, bem como no controle jurisdicional das políticas públicas.

Dentro da realidade processual brasileira, será importante contextualizar as vantagens e desvantagens de se atribuir maior papel ao Poder Judiciário na análise dos ajustamentos ambientais, sob o enfoque progressista da reforma estrutural proposta por FISS[8].

Ao final, o trabalho propõe um novo enfoque ao tratamento judicial diante do ajustamento de conduta que, diante do novo cenário de controvérsias coletivas, pode conciliar a celeridade e a qualidade na adoção de soluções de questões de interesse difuso e coletivo mediante a inter-

---

8   FISS, Owen. *Um novo processo civil: estudos norte-americanos sobre Jurisdição, Constituição e sociedade*. São Paulo: RT, 2004, p. 25-104.

venção judicial qualificada nos ajustamentos ambientais. Para isso, adapta-se o compromisso à ótica de OST e seus três modelos de juiz[9].

O Capítulo 8 traz um estudo de caso que revela um conflito que provocou o controle judicial de compromisso de ajustamento de conduta firmado entre o Ministério Público e empreendedores. A ação partiu de uma associação ambientalista que, não concordando com os termos do ajustamento, alega sua ilegalidade.

Neste conflito é posto em discussão aspectos como a homologação do termo pelo Conselho Superior do Ministério Público, a possibilidade de homologação judicial do compromisso, a segurança jurídica, a presunção de legitimidade do termo, bem como as possibilidades processuais de anulação do ajustamento.

São temas, portanto, que guardam especial relação com o trabalho desenvolvido, possibilitando uma visão prática das divergências quanto à natureza jurídica do compromisso, seus limites e aspectos processuais de controle, tais como condições da ação e coisa julgada.

As questões aqui abordadas delineiam a dinâmica e as controvérsias existentes em relação ao ajustamento de conduta, embora não tão recente, mas que adquire novos contornos quando destinado à proteção jurídica do meio ambiente, modificando conceitos antes bem sedimentados.

Pretende-se com este trabalho, portanto, reforçar as bases jurídicas do compromisso de ajustamento de conduta na área ambiental que, bem ou mal, tem sido amplamente utilizado como instrumento jurídico de defesa dos interesses difusos e coletivos[10], fundamentando um estudo apro-

---

9   OST, François. *Júpiter, Hércules, Hermes: Três modelos de juez*. Madrid: DOXA nº 14, 1993, p.169-194.
10 Cf. AKAOUI, Fernando Reverendo Vidal. *Compromisso de ajus-*

fundado para compreensão e sistematização de suas bases teóricas, sempre em consonância com o interesse público e com a necessidade de se implementar os princípios democráticos na proteção ambiental.

---

tamento de conduta ambiental. São Paulo: RT, 2003, p. 68, dando conta que, entre os meses de agosto de 2001 e julho de 2002, o Ministério Público paulista firmou 2.726 compromissos de ajustamento de conduta.

1. Interesses coletivos

Para o exato posicionamento do ajustamento de conduta dentro do cenário processual, é necessário, primeiramente, passar pela evolução dos interesses coletivos em sentido amplo e dos mecanismos de efetividade processual.

Este desenvolvimento, segundo CAPPELLETTI e GARTH, se deu em "ondas sucessivas de um mesmo movimento".[11]

A chamada "primeira onda" consistiu na percepção da necessidade em se propiciar, a todos os cidadãos menos providos de recursos, uma assistência gratuita por profissionais habilitados no exercício da advocacia.[12]

Antigamente, esta assistência era concebida como uma obrigação honorífica dos advogados para com os pobres, pois nada recebiam por este trabalho. Com o tempo, aprimorou-se o sistema através da remuneração dos advogados

---

11 CAPPELLETTI, Mauro e GARTH, Bryant. *Acesso à justiça*. Porto Alegre: Sergio Antonio Fabris, 1988, p. 29.
12 Tome-se como exemplo a Lei 1.060/50, que concede assistência judiciária aos necessitados.

privados pelo Estado ou mediante a criação de órgãos estatais com esta finalidade.

Entretanto, a prática da assistência jurídica gratuita, embora tenha diminuído as diferenças processuais, não erradicou os problemas decorrentes das desigualdades de ordem organizacional e econômica entre as partes, bem como aqueles decorrentes da existência de direitos cuja lesão fosse disseminada em um largo espectro da população, em que cada um dos lesados sofre um dano particular que, no mais das vezes, não é de tal monta a incentivar-lhe a busca individual de reparação. A identificação desta anomalia representativa processual fez surgir a "segunda onda renovatória" consistente no reconhecimento dos direitos coletivos.

Em meados do século XX, assistiu-se ao surgimento de uma nova geração de direitos — chamados direitos de terceira geração — que se caracterizam pela transindividualidade, cujos titulares se ligam por um vínculo de solidariedade (interesses difusos e coletivos). Incluem-se nesse grupo os direitos ao meio ambiente ecologicamente equilibrado e à preservação do patrimônio histórico, artístico e cultural.

Aqui se faz importante uma delimitação terminológica com a finalidade de demonstrar a existência de divergência quanto ao recorte dado aos interesses difusos e coletivos.

Após admitir que alguns autores costumam tratar direitos coletivos e difusos como sinônimos dentro da mesma categoria de transindividualidade, ou seja, um artifício jurídico a implementar a tutela da sociedade de massa, MANCUSO conclui que as fronteiras entre os dois interesses já se encontram bem delimitadas. Segundo ele:

> a) conquanto os interesses coletivos e os difusos sejam espécies do gênero "interesses meta (ou super) indivi-

duais", tudo indica que entre eles existem pelo menos duas diferenças básicas, uma de ordem quantitativa, outra de ordem qualitativa: sob o primeiro enfoque, verifica-se que o interesse difuso concerne a um universo maior do que o interesse coletivo, visto que, enquanto aquele pode mesmo concernir até toda a humanidade, este apresenta menor amplitude, já pelo fato de estar adstrito a uma relação-base, a um "vínculo jurídico", o que o leva a se aglutinar junto a grupos sociais definidos; sob o segundo critério, vê-se que o interesse coletivo resulta do homem em sua projeção corporativa, ao passo que, no interesse difuso, o homem é considerado simplesmente enquanto ser humano; b) o utilizar indistintamente essas duas expressões conduz a resultados negativos, seja porque não contribui para aclarar o conteúdo e os contornos dos interesses em questão, seja porque estão em estágios diferentes de elaboração jurídica (...)[13]

De qualquer forma, após a edição da lei 8078/90, a distinção em nosso ordenamento restou bem clara, com peculiaridades importantes nos aspectos processuais. Como ambos surgiram da mesma onda renovatória, serão denominados direitos coletivos em sentido amplo quando estivermos falando do gênero, sem delimitação específica.

Como conseqüência do reconhecimento jurídico coletivo na segunda onda renovatória, o Judiciário passou a ter de lidar com um novo tipo de lesão, já que espraiados os danos decorrentes, no mais das vezes, por largos contingentes populacionais.

---

13 MANCUSO, Rodolfo de Camargo. *Interesses Difusos*. 5ª ed. São Paulo: RT, 2000, p. 76-77.

Colocadas essas novas demandas perante o Poder Judiciário, houve o questionamento de quão apto estaria o sistema judicial para solucioná-las, garantindo, assim, conteúdo real ao princípio da igualdade. Passou-se a questionar qual a possibilidade de efetivo acesso à tutela jurisdicional ("acesso à justiça") por parte daqueles que dela viessem a necessitar. Conforme apontam CAPPELLETTI e GARTH:

> Não é surpreendente, portanto, que o direito ao acesso efetivo à justiça tenha ganhado particular atenção na medida em que as reformas do Welfare State têm procurado armar os indivíduos de novos direitos substantivos em sua qualidade de consumidores, locatários, empregados e, mesmo, cidadãos. De fato, o direito ao acesso efetivo tem sido progressivamente reconhecido como sendo de importância capital entre os novos direitos individuais e sociais, uma vez que a titularidade de direitos é destituída de sentido, na ausência de mecanismos para sua efetiva reivindicação. O acesso à justiça pode, portanto, ser encarado como o requisito fundamental — o mais básico dos direitos humanos — de um sistema jurídico moderno e igualitário que pretenda garantir, e não apenas proclamar os direitos de todos.[14]

A denominada segunda onda renovatória abrange os interesses e direitos "difusos" ou "fragmentados" na sociedade, elaborando alguns instrumentos para a sua tutela, de forma a alcançar um novo patamar na busca pela efetividade.

---

14 CAPPELLETTI, Mauro; GARTH, Bryant. *Acesso à justiça*. Porto Alegre: Sergio Antonio Fabris, 1988, p. 11.

A temática dos interesses difusos surgiu ao se verificar a inadequação dos tradicionais sistemas de "processo de duas partes"[15], típicos de uma sociedade pré-industrial, para a solução de conflitos coletivos, de massas, inerentes aos tempos atuais.

No processo tradicional, apenas o indivíduo lesado poderia ajuizar medidas reparatórias do dano e somente na medida em que este dano o houvesse afetado. Tal solução jurídica apresenta vários inconvenientes, como a falta de consciência do lesado a respeito de seus direitos, o receio em enfrentar organizações com poder muito superior ao seu, a desigualdade de informações e de recursos entre as partes, além do fato de que, por diversas vezes, seu prejuízo é muito pequeno tendo em vista o dispêndio que teria com a propositura de ações judiciais. Todos estes fatores tornam o indivíduo lesado verdadeiramente impotente ante os infratores de larga escala.

Sobre o tema, aponta CAPPELLETTI:

> (...) perante o fenômeno da massificação, mencionado acima, o indivíduo é simplesmente inábil para proteger a si próprio. Normas tradicionais de legitimação obrigariam, por exemplo, que cada um dentre as centenas, milhares ou milhões de consumidores que fossem lesados pelo acondicionamento impróprio de um produto de consumo de massa, ajuizasse uma ação com fundamento em seu dano individual. Isto é irrealista. Apesar de que o dano total poderia ser enorme, o dano individual em casos como este é normalmente muito difuso e muito pequeno

---

[15] Para maiores informações a respeito do modelo tradicional e suas implicações, ver CHAYES, Abram. The role of the judge in public law litigation. *Harvard Law Review*, vol. 89 (maio/1976), p. 1.282-1.283.

para levar o consumidor a procurar proteção judicial; os custos psicológicos e financeiros de sua ação seriam desproporcionais, e o poder econômico, organizacional e de informações de seu oponente seria normalmente excessivamente maior que o seu. Portanto, se estas situações de conflito devem contar com um remédio judicial, é necessário abandonar os conceitos e estruturas puramente individualísticos do processo judicial.[16]

Nesse ponto, merece destaque um primeiro aspecto. Vislumbra-se a existência de conflitos coletivos que pouco prejuízo acarreta para cada lesado, mas que podem significar, no total, prejuízos de vulto. Nesses casos, pode-se dizer que os direitos ou interesses difusos são fragmentados.[17]

Quanto a esses direitos ou interesses, o objetivo do sistema jurídico de pacificação social[18] não é em absoluto atingido, se ao indivíduo restar a incumbência exclusiva de combater práticas de condutas anti-sociais, na base de mera reparação individual, tanto no caso em que ele nem mesmo se sinta habilitado ou interessado a buscar a reparação de seu dano, como no caso em que ele, fazendo-o, não a obtenha, ou, se bem-sucedido, obtenha apenas a reparação de seu próprio prejuízo.

---

16 CAPPELLETTI, Mauro. *The judicial process in comparative perspective*. Oxford: Oxford University Press, 1991, p. 127. Tradução livre.

17 Sobre a comparação entre o prejuízo individual e este mesmo prejuízo reunido em um grupo social, vide FISS, Owen. *Um novo processo civil: estudos norte-americanos sobre Jurisdição, Constituição e sociedade*. São Paulo: RT, 2004, p. 235.

18 Cf. DINAMARCO, Cândido Rangel. *A instrumentalidade do processo*. 5ª ed. São Paulo: Malheiros, 1997, p. 149-155.

De um lado, tem-se um indivíduo isolado, que pode ou não obter a reparação de seu dano. De outro, freqüentemente, uma organização que atua com os olhos postos nos retornos financeiros que sua conduta acarretará, avaliando-os criteriosamente[19]. Verificando esta organização que apenas uma pequena parcela dos lesados levará ao Poder Judiciário a sua pretensão de indenização, e uma parcela ainda inferior obterá a satisfação pelos danos por ela causados, chega-se à conclusão de que o sistema processual não coíbe a desobediência à norma legal (por exemplo, a que exige certo componente de segurança em um produto de consumo ou afasta o risco ambiental). A falta de efetividade do sistema alimenta a prática lesiva.

Observa-se, assim, que aqueles instrumentos individualizados de reparação de dano não terão, neste caso, sido aptos a desencorajar a conduta antijurídica daquela organização. Mesmo reparando o dano causado a alguns indivíduos, a conduta anti-social restou não reprimida pelo sistema jurídico (ainda que de forma indireta e não desejada).

A confirmar esse raciocínio há uma análise de custo e benefício, apontando para vantagens na manifestação das práticas lesivas aos interesses mais dispersos. Neste sentido, SALLES: "Com isso, é possível concluir que características estruturais das práticas judiciárias e dos procedimentos tendem a favorecer organizações em prejuízo de litigantes individuais."[20]

---

19 Sobre o tema, interessante a comparação entre repeat players (RP) e one-shotters (OS) desenvolvidas por Marc Galanter. Enquanto os repeat players constituem as partes que freqüentemente litigam em juízo, estrategicamente superiores, os one-shotters são aqueles que se encontram em desvantagem, pois raramente utilizam-se do sistema judicial In: SALLES, Carlos Alberto de. *Execução judicial em matéria ambiental*. São Paulo: RT, 1999, p. 50.

20 SALLES, Carlos Alberto de. *Execução judicial em matéria ambiental*. São Paulo: RT, 1999, p. 51.

Cumpre salientar que os sistemas tradicionais de responsabilidade civil têm o objetivo duplo de reparação do dano causado ao lesado e de coibição da conduta ilícita, tendo em vista sofrer o infrator uma diminuição de seu patrimônio, quando efetivamente satisfeita a pretensão de reparação da vítima. Este duplo objetivo se torna insuficiente, porém, numa sociedade de massas, se o dano é pulverizado pelo corpo social, e a reparação atinge apenas uma diminuta parcela dos lesados.[21] Criam-se outros objetivos, como a prevenção do dano e o divórcio da culpa no conceito de responsabilização.[22]

No contexto de relações jurídicas massificadas, de disparidades profundas (econômicas, políticas e organizacionais) entre os sujeitos destas relações e de existência de infrações e danos também dispersos entre um grande número de pessoas, impôs-se a criação pelos sistemas jurídicos de meios para a tutela dos interesses e direitos coletivos. Tal evolução jurídica se faz presente também no Brasil, por vivenciar as mesmas transformações sociais verificadas em outros países.

Conforme será abordado adiante, diversas foram as iniciativas legislativas adotadas para a introdução da tutela de interesses difusos e coletivos em nosso ordenamento jurídico, em especial em relação ao meio ambiente.

A terceira onda daquele movimento consistiu em uma série de iniciativas que foram e estão sendo adotadas na atualidade em diversos países, com a finalidade de aprimorar soluções para os conflitos existentes na sociedade, através do estabelecimento de procedimentos simplificados (por exemplo: pequenas causas) e da promoção de formas

---

21 Idem, p. 60.
22 Por exemplo, o artigo 14 § 1º, da Lei 6.938/81 — que institui a Política Nacional do Meio Ambiente.

de solução de controvérsias, denominados de "justiça coexistencial", em contraposição à "justiça contenciosa", baseadas em inovações, fundamentalmente, na busca de conciliação entre as partes litigantes, evitando, assim, que o litígio se resolva necessariamente através de decisão proferida pelo Juízo. A efetividade do processo deve ser concebida de forma ampliada.[23] Tais iniciativas demonstram sua validade especialmente no atinente às relações jurídicas continuativas, pois, muitas vezes, nestes casos, mais vale a preservação das próprias relações, através de concessões mútuas, que a sobreposição do direito de uma parte sobre a pretensão da outra.

O ajustamento de conduta sofreu influência da segunda e terceira ondas renovatórias, criando-se uma forma de solução alternativa de controvérsias no âmbito dos direitos coletivos.

A seguir serão analisados os métodos alternativos de solução de conflitos. As denominadas ADR's — alternative dispute resolutions, como são conhecidos na doutrina[24] os meios alternativos de solução de conflitos.

1.1 Bases teóricas da ADR — alternative dispute resolution

A expressão "meios alternativos" (ou "métodos alternativos") é eventualmente utilizada para se referir a procedi-

---

23 Cf. WATANABE, Kazuo. *Da Cognição do Processo Civil*. 2ª ed. São Paulo: Central de Publicações Jurídicas, 1999, passim.

24 CAPPELLETTI, Mauro. Os métodos alternativos de solução de conflitos no quadro do movimento universal de acesso à justiça. *Revista Forense*, vol. 326, abril/junho, Rio de Janeiro: Forense, 1994, p. 121-130.

mentos judiciais inovadores, porém seu uso mais corrente diz respeito às modalidades não jurisdicionais de solução de controvérsias, significado este que será adotado ao longo do trabalho.

Várias têm sido as designações[25] utilizadas para se referir aos meios alternativos de solução de conflitos, tais como justiça amigável, justiça consensual, alternativa e privada, englobando tradicionalmente a conciliação, a mediação, a negociação e, em certos casos, a arbitragem.

Essas formas de solução alternativa nasceram nos países do sistema da Common Law, mas estão hoje também presentes nos países da família romano-germânica. Todavia, é nos EUA que ADR se tornou o núcleo dos desenvolvimentos mais sensíveis[26].

Trata-se de uma resposta à profunda crise do processo no mundo inteiro[27]. Por melhor que seja a justiça, é real-

---

25 Podem ser encontradas várias nomenclaturas para o termo, tais como: ADR-alternative *dispute resolution*, RAD-réglement *alternatif des diferences*, MARC- *modes alternatives de réglements de conflits*.

26 Neste particular, o magistério de Mauro Cappelletti: "ADR adquiriu tamanha importância nos Estados Unidos que passou a ser objeto de cursos básicos em Faculdade de Direito. O mais conhecido compêndio para tais cursos é talvez o de Goldberg, Green e Sandre, que trata de negociação, mediação, arbitragem e 'métodos híbridos', especialmente em conflitos de família, neighbourhood justice centers, litígios 'intrainstitucionais', litígios de consumo, relativos ao meio ambiente, intergovernamentais e até internacionais. Menciona-se uma série de possibilidades, inclusive 'julgamento privado' ('rent-a-judge'). Grande parte do livro é dedicada aos 'obstáculos' e 'problemas' concernentes à utilização dos métodos de ADR, e às maneiras de superar tais obstáculos e problemas. Expediente alternativo freqüentemente usado nos Estados Unidos é o chamado 'minijulgamento' ('minitrial'), em que as partes submetem o caso a um 'conselheiro neutro', ou até a um 'júri de imitação' ('mock jury'): são os assim chamados 'summary jury trials'." CAPPELLETTI, Mauro. Op. Cit., p. 123.

27 Diagnóstico do Judiciário, elaborado em 2004 pela Fundação Ge-

mente impossível, nos dias de hoje, dar vazão satisfatória ao imenso contingente de conflitos produzidos no seio de uma sociedade de massa, extremamente complexa e ávida por rapidez. Como a atividade de pacificar conflitos mostra-se cada vez mais crucial para a sociedade, aumenta-se a busca pelos meios alternativos.

Esses métodos de resolução de conflitos são bastante valorizados na chamada terceira onda do movimento do acesso à justiça, inserindo-se na proposta pluralista deste movimento. Parte do princípio de que, na complexidade da época atual, não há mais espaço para soluções únicas e vias exclusivas. O acesso exclusivista, baseado no monopólio estatal da jurisdição, mostrar-se-ia hoje, em termos práticos, completamente inviável. O acesso real à justiça seria o fruto de uma combinação de medidas criativas e plurais.

A propósito da mobilização por métodos alternativos, relevantes as palavras de CINTRA, GRINOVER e DINAMARCO: "Vai ganhando corpo a consciência de que, se o que importa é pacificar, torna-se irrelevante se a pacificação venha por obra do Estado ou por outros meios, desde que eficientes".[28]

Nesse passo, quando se pensa em acesso à justiça, engloba-se também os instrumentos aptos a dar finalidade à efetividade constitucional, independentemente da sua natureza judicial ou não. Não há qualquer dúvida, assim, de que o princípio do acesso à justiça deve abraçar também os meios alternativos extrajudiciais.

---

túlio Vargas, sob encomenda do Ministério da Justiça Disponível em: "http:// www.mj.gov.br/reforma/". Acessado em 20.02.2006.
28   CINTRA, Antonio Carlos de Araújo; GRINOVER, Ada Pellegrini; DINAMARCO Cândido Rangel. *Teoria geral do processo*. 9ª ed. São Paulo: Malheiros, 1993, p. 29.

De acordo com RODRIGUES, as características dos modos alternativos de solução de litígio são:

a) a voluntariedade das partes na eleição dessa forma de composição em detrimento da solução jurisdicional (a imposição da solução extrajudicial compromete o ambiente propício para a conciliação, e, nos sistemas como o brasileiro, viola o princípio constitucional da inafastabilidade da jurisdição); b) participação pessoal dos interessados, ou de quem esteja autorizado para tanto, na formação do acordo; c) em alguns casos pode ocorrer a assistência de um terceiro, independente das partes e do juiz, que exerce uma missão de confiança para motivar o acordo; d) em regra a negociação é confidencial, o que pode facilitar acordos mais adequados, embora o resultado da negociação possa (e deva em algumas hipóteses) ser público; e) a ausência de qualquer poder jurisdicional na pessoa do mediador; f) a procura de uma solução equânime; g) celeridade; h) ausência de formalismo; i) economia de debates puramente jurídicos ou processuais.[29]

Frise-se que, por essa ótica, a solução jurisdicional não deve ser desprezada. Ao contrário, a via contenciosa continua sendo essencial para qualquer concepção de acesso à justiça. O desejável é a preservação do Poder Judiciário, para que ele possa decidir melhor e de forma mais efetiva. Neste diapasão, aduz a Procuradora da República citada acima:

---

29 RODRIGUES, Geisa de Assis. *Ação civil pública e termo de ajustamento de conduta. Teoria e prática.* Rio de Janeiro: Editora Forense, 2002, p. 57.

A tendência a favorecer os modos alternativos de solução de litígios não significa, nem de longe, um movimento de privatização da justiça. A Justiça estatal continua sendo o foro mais importante de soluções de litígios, existindo, inclusive, uma estreita relação entre os modos alternativos de solução de controvérsias e os Tribunais, principalmente porque estes, ao exercerem seu papel de definir o direito que deve prevalecer nos conflitos a eles subsumidos, emitem mensagens que irradiam para todo o sistema.[30]

O propósito de preservar e valorizar o Judiciário através do incremento dos meios alternativos é muito bem verbalizado por MOREIRA NETO. Depois de prever a emergência de um sistema de "parajurisdição", com a expansão da terceira "onda" renovatória e o desenvolvimento de "justiças alternativas, rápidas e especializadas", arremata o autor:

> Nessa perspectiva, confirmadas essas tendências, caminhar-se-á para uma espontânea reserva dos órgãos do Poder Judiciário para as magnas questões jurídicas, inclusive para as quais não seja possível a atuação das justiças alternativas. Isso, indubitavelmente, reduzirá a quantidade astronômica de processos que se acumulam, num crescendo, sobre a justiça do Estado e assim concorrerá para o mais rápido atingimento das desejadas metas de qualidade na sua função jurisdicional privativa [...].[31]

---

30 Idem., p. 58.
31 MOREIRA NETO, Diogo de Figueiredo. A reforma do Estado e o Poder Judiciário. *Revista da EMERJ — Escola da Magistratura do Estado do Rio de Janeiro*, 1998, volume 1, n° 3, p. 198-211.

A seguir um exemplo de como a doutrina se divide acerca do caráter "privatizante" ou não dos métodos alternativos, por fugirem eles do modelo clássico da composição estatal das lides.

Para CAPPELLETTI, a privatização é "evidente" na segunda e terceira ondas renovatórias. Considera o fato de que, em muitos expedientes de ADR, leigos assumem funções decisórias ou quase-decisórias, assim como o fato de que, com freqüência, o critério de julgamento é antes a eqüidade que o direito escrito.[32]

BARBOSA MOREIRA discorda. Temendo a desvalorização do elemento publicístico do processo civil, que tão graves conseqüências pode acarretar, sustenta o jurista:

> O que se pode e deve reconhecer é a propensão do nosso tempo — com intensidade variável, segundo o lugar e a matéria — para envolver particulares na atividade de solução de litígios, quer na esfera judicial, quer fora dela. Rotular esse movimento de "privatização do processo", ou "da Justiça", no entanto, claramente se afigura pouco apropriado.[33]

Contra as premissas da ADR, no sentido de produzirem efeitos satisfatórios apenas em casos em que haja igualdade social entre os litigantes, temos a reflexão de FISS:

> Porém, o mais importante ponto a ser observado é que a maioria dos defensores da ADR não se esforça para distin-

---

32 CAPPELLETTI, Mauro. *Os métodos alternativos de solução de conflitos no quadro do movimento universal de acesso à justiça*, Op. cit., p. 129.
33 BARBOSA MOREIRA, José Carlos. Privatização do processo? *Revista da EMERJ*, n° 3, volume 1, Rio de Janeiro: Escola da Magistratura do Estado do Rio de Janeiro, 1998, p. 13-25.

guir os diferentes tipos de casos ou para sugerir que "as práticas amigáveis da conciliação e do acordo" podem ser particularmente apropriadas para determinados tipos de casos. Eles tratam todos os casos como se fossem iguais. Isto sugere que o que me separa dos partidários da ADR não é o fato de estarmos preocupados com distintos universos de casos, ou seja, não é o fato de Derek Bok, por exemplo, enfocar contendas relativas à demarcação de áreas, enquanto eu observo somente processos judiciais de segregação. Acredito, ao contrário, que a separação em questão é muito mais profunda. Advém de entendimentos diversos acerca dos propósitos do processo que tem por objeto o direito civil e de seu lugar na sociedade. É uma diferença relativa a nossos pontos de vista.

Alguém como Bok vê adjudicação de maneira essencialmente específica: o objetivo das ações judiciais e das cortes civis é solucionar controvérsias e a quantidade de processos pendentes é evidência clara do caráter desnecessariamente combativo e contestador norte-americano. Ou como Bok observa, usando um idioma mais diplomático: "No fundo, nossa sociedade baseia-se no individualismo, competição e sucesso". Eu, por outro lado, vejo a adjudicação em termos mais gerais: a litigância, na esfera cível, é um arranjo institucional que utiliza o poder do Estado para aproximar uma realidade recalcitrante dos nossos ideais. Recorremos às cortes porque precisamos, não por algum capricho de nossas personalidades.[34]

---

34 FISS, Owen. *Um novo Processo Civil: estudos norte-americanos sobre Jurisdição, Constituição e sociedade*. São Paulo: RT, 2004, p. 144-145.

Para o autor, parece muito clara a necessidade de se atribuir maior relevância ao Judiciário, mesmo nas hipóteses de acordos judiciais, pois considera que estes raramente traduzem o que se poderia conceber como justiça. Ou seja, não recomenda o afastamento do Judiciário na aplicação e interpretação dos valores adotados pela sociedade em seu sistema normativo, seja qual for a espécie de litígio.

Aduz que os defensores da ADR tentam dividir as lides em dois grupos, considerando o objeto envolvido. O primeiro grupo, englobaria aquelas causas cujo objeto envolveria uma coletividade determinada ou não. Neste grupo, justifica-se o amplo controle judicial por existir problemas de representatividade, tais como o desequilíbrio de forças ou mesmo ausência de consentimento legítimo dos titulares. O segundo grupo seria composto de lides puramente patrimoniais disponíveis, sem repercussão na esfera de direitos de terceiros não representados.

FISS refuta a idéia de que mesmo o segundo grupo, em face do objeto do litígio, permita o afastamento do conhecimento judicial adequado. Trabalha seu raciocínio no princípio de que uma sentença não seria o final da relação entre as partes, mas o início.

Demonstra que, não raramente, o Judiciário é novamente procurado pela parte após a sentença para que faça cumprir ou exima determinada obrigação. Seria uma relação jurisdicional continuada. Segundo o autor:

> Por vezes, as partes estão envolvidas em grandes conflitos e consideram a ação judicial apenas uma fase de uma longa e contínua batalha. A prolação de uma sentença não porá fim a essa batalha, mas modificará seus termos e o equilíbrio do poder. Uma das partes invariavelmente retornará às cortes para pedir assistência, não exatamente em razão da mudança das condições, mas porque as condições

que precediam a ação judicial infelizmente não se modificaram.[35]

Para o Professor, independentemente do objeto, o que se busca no Judiciário seria a satisfação plena de um direito, positivado num sistema público de valores incompatíveis com o caráter privado das transações. Não havendo, portanto, fundamento para se priorizar o acordo em detrimento do conhecimento judicial através de instrução e julgamento.

Sua crítica recai, com muita contundência, no ajustamento de conduta ambiental, nem sempre qualitativamente satisfatório. A descrença nas instituições, principalmente as de cunho majoritário[36] outorgadas pelo voto, é outro fator que se reflete negativamente nos acordos. Tal situação se agrava na medida em que a crise do processo nos leva a preferir o acordo à demanda judicial.

Com exceção do Ministério Público, todos os legitimados para a tomada do ajustamento de conduta são, de alguma forma, ligados aos poderes majoritários do Estado.

Porém, como o tempo é elemento crucial nas questões ambientais, o compromisso de ajustamento tem sido celebrado com freqüência e sem qualquer interferência judicial prévia.

---

35 Idem, p. 135.

36 Sobre a constatação de que políticas aparentemente majoritárias, como o processo legislativo, pode refletir nada mais que a influência de grupos de interesse minoritários, vide FARBER, Daniel A; FRICKEY, Philip P. *Law and Public Choice. A Critical Introdution.* Chicago: The University of Chicago Press, 1991, p. 22-23 e NUSDEO, Fábio. *Fundamentos para uma Codificação do Direito Econômico.* São Paulo: RT, 1995, p. 120-121.

2. O meio ambiente: conceito jurídico e autonomia

Uma vez desenvolvida a idéia de direitos ou interesses coletivos em sentido amplo, clamando por necessidade de efetividade processual, deve-se focar o direito ao meio ambiente como um interesse difuso que perfaz o objeto de proteção processual pelo ajustamento de conduta, a ser estudado no próximo Capítulo.

Constata-se que a doutrina diverge ao conceituar o meio ambiente, ora relacionando-o com sua utilidade à vida humana, ora conferindo-lhe autonomia. Prova disso é que, para PRIEUR, o meio ambiente é "o conjunto dos elementos que, na complexidade de suas relações, constituem o campo, o meio e as condições de vida do homem, tais como são ou tais como são sentidas".[37]

Já para TROPPMAIR, o meio ambiente é "o complexo de elementos de fatores físicos, químicos e biológicos que

---

37 PRIEUR, Michel. *Droit de l'Enviroment*. 2ª ed. Paris: Dalloz, 1991, p. 1-2 apud MIRRA, Álvaro Luiz Valery. *Ação civil pública e a reparação do dano ao meio ambiente*. 2ª ed. São Paulo: ed. Juarez de Oliveira, 2004, p. 09.

interagem entre si com reflexos recíprocos afetando, de forma direta e visível os seres vivos".[38]

A primeira posição infere que o meio ambiente deve ser considerado em função de sua importância para a vida do homem, ao passo que a segunda apresenta certa autonomia do ambiente em si considerado como um sistema ecológico digno de proteção independente de sua finalidade direta ao homem. Trata-se da discussão entre a visão antropocêntrica e ecocêntrica do meio ambiente.

Ao contrário do que se possa pensar, esta discussão de cunho filosófico está longe de ser superada[39] e, apesar de eminentemente ideológica, pode desencadear posturas que podem influenciar no gerenciamento ambiental, pois, dependendo da posição que se adote, a idéia de dano ambiental considerado como intolerável poderá variar, repercutindo diretamente nas formas de condução e limites do ajustamento de conduta ambiental.

Nesse ponto, é importante que a análise se inicie com a base da legislação internacional e nacional ambiental, para identificar como esta polarização teórica foi se acentuando dentro do arcabouço legislativo.

O primeiro instrumento transnacional a considerar a qualidade ambiental nos fundamentos dos direitos humanos foi o Pacto Internacional dos Direitos Econômicos, Sociais e Culturais de 1966 (artigo 12, II), em sentido oposto ao Pacto de Direitos Civis e Políticos que assegurava a livre

---

38   Idem, loc. cit.
39   Cf. recente debate por artigos promovido pelo jornal O *Estado de São Paulo*, nas edições de fevereiro a abril de 2004, entre Miguel Reale (28.02.04 — Seção Espaço Aberto), (13.03.04 — Seção Espaço Aberto) e.(10.04.04 — Seção Espaço Aberto); José Goldemberg (23.03.04) e Daniel R. Fink (30.03.04 — Seção Espaço Aberto).

disposição do homem aos recursos naturais, numa visão claramente desprovida de atenção para o problema da escassez.

A Declaração de Estocolmo, de 1972, como o marco da positivação internacional da vida digna em ambiente saudável como direito fundamental do homem, por sua vez, foi a primeira Conferência Mundial convocada pela Assembléia Geral das Nações Unidas para a questão.

Não se pode deixar de mencionar que o Relatório de Meadows[40] — elaborado pelo Clube de Roma[41] — e a crise do petróleo foram fatores fundamentais que trouxeram à baila o problema de escassez dos recursos naturais e das questões ambientais tratadas na Conferência das Nações Unidas.

A partir daí, além de outros inúmeros instrumentos transnacionais, o direito interno dos Estados, influenciado pela tendência internacional, passou a regrar a proteção ambiental em níveis constitucionais.

MACHADO demonstra alguns exemplos: Iugoslávia (1974, art. 192), Portugal (1976, art. 66, 1), Nicarágua (1987, art. 60), Hungria (art. 18), Colômbia (1991, art.

---

40 MEADOWS, Dennis L. et al. *Limites do crescimento — um relatório para o Projeto do Clube de Roma sobre o dilema da humanidade.* São Paulo: Perspectiva, 1972.

41 O Clube de Roma foi fundado em 1968 como uma organização internacional não-governamental que reúne cientistas, economistas, empresários, chefes de Estado e membros da sociedade civil, formando um *"global think tank and centre of innovation and initiative, convinced that the future of human kind is not determined once and for all and that each human being can contribute to the improvement of our societies"*. Seus trabalhos, como a publicação em 1972 do notório "Limits to growth", possuem significativo impacto no cenário político internacional. Disponível em: "http://www. clubofrome.org". Acessado em:15.03.2006.

79), Cabo Verde (1992, art. 70, § 1º), Paraguai (1992, art. 7º) e Argentina (Reforma de 1994, art. 41).[42]

O Brasil, embora um dos pioneiros na proteção legislativa do ambiente, não obteve, por parte das Constituições anteriores, uma proteção ampla, específica e global, sendo a Carta Fundamental de 1988 a primeira a conter a expressão "meio ambiente" (art. 225).[43]

Sem desmerecer outros instrumentos internacionais importantes sobre a matéria ambiental, não se pode deixar de mencionar a Conferência das Nações Unidas sobre o Meio Ambiente e Desenvolvimento — Rio/92 na qual se enfatizou a necessidade da promoção do desenvolvimento sustentável. Expressa o seu primeiro princípio: "Os seres humanos estão no centro das preocupações com o desenvolvimento sustentável. Têm direito a uma vida saudável e produtiva, em harmonia com a natureza".[44]

Da leitura do primeiro princípio insculpido na Declaração de Estocolmo de 1972, percebe-se um alargamento do conceito da vida como direito fundamental. Expressa a consagração do "desfrute de condições de vida digna, em um ambiente de qualidade tal que lhe permita levar uma vida digna, gozar de bem-estar (...)".[45]

Essa ampliação de conceitos de vida para condições dignas e bem-estar surge da indivisibilidade dos direitos hu-

---

42 MACHADO, Paulo Affonso Leme. *Direito Ambiental Brasileiro*. 11ª ed. São Paulo: Malheiros, 2003, p. 48.

43 MILARÉ, Edis. Legislação ambiental do Brasil. *Revista da Associação Paulista do Ministério Público*, São Paulo, 1991, p. 3.

44 Disponível em "http://www.mma.gov.br/index.php?ido=conteudo.monta&idEstrutura=18&idConteudo=576". Acessado em 22.07.2005.

45 Disponível em "http://www.dhnet.org.br/direitos/sip/onu/doc/estoc72.htm". Acessado em 22.07.2005.

manos que jazia desenvolvida desde o Pacto Internacional dos Direitos Econômicos, Sociais e Culturais de 1966. Ocorre que, avançando à finalidade de assegurar a qualidade de vida humana, o meio ambiente foi alçado à condição de destaque enquanto habitat do homem, da flora e da fauna.

Em outras palavras, ao homem foi atribuído o dever de preservar o ambiente no qual não habita com exclusividade, protegendo a natureza independentemente da relação com o seu direito à vida.

Esta preocupação trazida pela Declaração de 1972 dá ensejo à postura ecocêntrica do meio ambiente, ou seja, liberta-se a estrutura jurídica de proteção ao meio ambiente das limitações trazidas de sua concepção finalística e instrumental de satisfazer o homem enquanto detentor de direito à vida saudável, para desenvolver-se na esfera valorativa da ampla biosfera da qual o homem faz parte.

Sem adiantar as peculiaridades que serão tratadas a seguir, quando da análise de cada uma das teorias polarizadas, certo é que não se nega a estreita relação da preservação ambiental e a utilização racional dos recursos com a sadia qualidade de vida.

Porém, a evolução do conhecimento e do estudo da importância da natureza pode levar o homem a privar o próprio homem do acesso a determinados recursos em nome do que MACHADO denomina "harmonia com a natureza"[46], protegendo a vida de animais e plantas enquanto elementos do sistema ecológico.

---

46 MACHADO, Paulo Affonso Leme. *Direito Ambiental Brasileiro*. 11ª ed. São Paulo: Malheiros, 2003, p. 50.

2.1 Natureza antropocêntrica do meio ambiente

Esta linha de pensamento acompanhou a evolução da humanidade e foi ficando cada vez mais forte e destrutiva na medida em que se avançavam as descobertas tecnológicas e a natureza foi deixando de ser domínio exclusivamente divino para atender ao "homo faber".

Conforme assinala ARENDT, a palavra "faber" relaciona-se com a palavra latina facere, no sentido de produção. O animal laborans não afeta de forma significativa a natureza; já o homo faber, sim.[47]

Muito embora as antigas civilizações "primitivas" elevassem os elementos da natureza como atribuição e domínio dos deuses, não se pode dizer que eram ecocêntricas, pois o respeito ao natural se dava mais em relação ao temor do desconhecido do que propriamente ao reconhecimento da sua autonomia.

Na Grécia Antiga, entendia-se, em síntese, que tudo aquilo que o homem conseguia tirar da natureza e produzir por suas forças lhe pertencia. Nos dizeres de Pitágoras: "O homem é a medida de todas as coisas de uso, da existência das que existem e da inexistência das que não existem". Essa linha de raciocínio influenciou o conceito de propriedade do Direito Romano.[48]

Após a Revolução Industrial, surge uma nova classe social de produção massificada, em razão da qual, o homem goza de liberdade absoluta para atuar na natureza seja para

---

[47] ARENDT, Hannah. *A condição humana*. Trad. Roberto Raposo. Rio de Janeiro: Forense Universitária, 2001, p. 149.

[48] Cf. MILARÉ, Édis; AGUILAR COIMBRA, José de Ávila. Antropocentrismo X Ecocentrismo na ciência jurídica. *Revista de Direito Ambiental*, ano 9, nº 36, outubro-dezembro 2004, São Paulo: RT, 2004, p. 9-42.

retirar, modificar, desenvolver ou destruir. Foi o ápice da primazia desenvolvimentista em detrimento do meio ambiente[49].

A pouca evolução científica voltada à medição dos graus de impactos ambientais contribuiu para a ausência de parâmetros ou limites orientadores à ação humana prejudicial ao meio ambiente.

O movimento em que a ciência volta-se para o desenvolvimento sustentado é uma construção relativamente recente[50] pois, até pouco tempo, o conhecimento não auxiliava o homem neste sentido, aliás, até hoje nos deparamos com atividades cujos riscos são desconhecidos. A única diferença é que, nesses casos, a orientação moderna é pela precaução, ao passo que antigamente, os ideais economicocêntricos ou desenvolvimentistas eram os únicos a orientar as ações.

As características básicas do antropocentrismo podem ser divididas em:

a) Instrumentalidade — Parte da consideração dos bens naturais como fontes de utilidade para a vida humana, como veículos de satisfação de necessidades vitais e de incremento do bem-estar;

b) Utilitarismo — Trata-se de tutelar o ambiente consoante a sua capacidade de aproveitamento, e o seu valor é calculado à medida do homem que dele se aproveita;

c) Amplitude — Não se restringe à fauna, flora e recursos naturais. Admite concepções ambientais nos diversos segmentos da vida humana, pois a ela se subordina. Ex.

---

49 FIGUEIREDO, Guilherme José Purvin de. *Direito ambiental e a saúde dos trabalhadores*. São Paulo: LTr, 2000, p. 21.
50 Surge a partir do final da década de 60, culminando com a Convenção de Estocolmo sobre meio ambiente, em 1972.

Meio Ambiente do Trabalho, Educação Ambiental, Saúde Ambiental, etc;

d) Finalidade — O ambiente pode ser classificado de acordo com sua finalidade para o homem. Ex. Meio Ambiente Vital (cujos elementos dão suporte à vida humana); Meio Ambiente Estético (objetiva proporcionar prazer e bem-estar); Meio Ambiente Cultural (mantém viva a identidade histórica de uma sociedade ou da própria humanidade).

As características foram extraídas das idéias inseridas nas obras de SENDIM[51] e ANTUNES[52], porém, a classificação didática é original.

Seja qual for o momento histórico, a marca antropocêntrica no trato do meio ambiente foi a determinante até a metade do século XX, quando sucedeu a criação da visão ecocêntrica que iria se opor a esta ótica secular.

A crise do antropocentrismo radical pode ser notada até mesmo antes do ambientalismo e do surgimento da autonomia do meio ambiente referida acima.

Em verdade, analisando as próprias bases do antropocentrismo ambiental, percebe-se que esta ideologia não comporta radicalismos. A partir do momento em que a ciência passou a alertar para os riscos advindos da utilização desregrada dos recursos naturais, iniciou-se dentro da visão antropocêntrica uma mobilização para a criação de instrumentos jurídicos importantes para reverter ou minimizar a lesividade dos processos de produção.

---

51 SENDIM, José Cunhal. *Responsabilidade civil por danos ecológicos. Da reparação do dano através da restauração natural.* Coimbra: Coimbra, 1998, passim.
52 ANTUNES, L. F. Colaço. O *procedimento administrativo de avaliação de impacto ambiental.* Coimbra: Coimbra, 1998, passim.

O antropocentrismo tolerou e reagiu bem aos novos paradigmas, não unicamente em virtude do surgimento do ecocentrismo que polarizou as idéias, mas também por relacionar-se diretamente aos direitos do homem que, evolutivamente, agregou valores à sua concepção, notadamente. após a 2ª Guerra Mundial, passando a abranger outros padrões de existência.

2.2 Natureza ecocêntrica do meio ambiente

O ecocentrismo compreende um movimento surgido do ambientalismo e consiste em dar autonomia e titularidade à natureza ou aos seus elementos de forma a tutelá-los independentemente de sua utilidade para o homem.

Ressalta que, da etimologia grega da palavra ecocentrismo: "oikos" — casa, o homem deve se auto-identificar como integrante de uma "comunidade biótica" que deve habitar o meio em harmonia.[53]

O ecocentrismo valoriza, pois, a natureza de forma direta, sem a preocupação de mediação de necessidades humanas. Nessa visão, os organismos não são simples objetos e instrumentos a serviço do homem, mas também, sujeitos relevantes das relações naturais.

O movimento coloca o antropocentrismo na esfera do pensamento ecológico superficial, preocupado unicamente com a poluição, com o pleno uso dos recursos naturais, bem como com a riqueza e o comodismo da população dos países desenvolvidos.

---

53 MILARÉ, Edis; AGUILAR COIMBRA, José de Ávila. Antropocentrismo X Ecocentrismo na ciência jurídica. *Revista de Direito Ambiental*, ano 9, n° 36, outubro-dezembro 2004 — São Paulo: RT, 2004, p. 9-42.

O movimento dos ecologistas profundos ("deep ecology") estaria inserido no ecocentrismo, nas palavras de SINGER: "(...) desejaria preservar a integridade da biosfera pela necessidade dessa preservação, ou seja, independentemente dos possíveis benefícios que o fato de preservá-la pudesse trazer para os seres humanos".[54]

Assim, a ecologia profunda rejeita fundamentalmente a perspectiva dualista dos seres humanos e da natureza como entes separados e hierarquicamente com valores distintos. Defende que os seres humanos são apenas parte do ambiente natural e juntamente com os demais, acabam por formar um único ente.

A "deep ecology" possui múltiplas raízes filosóficas e religiosas, destacando no âmbito das correntes religiosas o Cristianismo, o Budismo, o Taoísmo, e, no âmbito da filosofia, o que chama de "ecofilosofia".[55]

Destaca-se, a seguir, os oito princípios básicos caracterizadores da deep ecology, trazidos por seu fundador, ARNE NAESS[56]:

a) O bem-estar e o desenvolvimento da vida humana e não-humana na terra têm valores em si próprios (sinônimos: valor intrínseco, valor inerente). Este valor é independente da utilidade do mundo não-humano aos propósitos humanos;

---

54 SINGER, Peter. *Ética prática*. Trad. Jefferson Luiz Camargo. São Paulo: Martins Fontes, 1994, p. 290.
55 PEPPER, David. *Ambientalismo moderno*. Lisboa: Piaget, 1996, p. 34.
56 NAESS, Arne. The deep ecological movement: some philosophical aspects. In: ZIMMERMAN, Michael E. (org.). *Environmental Philosophy: from animal rights to radical ecology*. New Jersey: Prentice Hall, 1998, p. 193-211. (Tradução livre).

b) A riqueza e a diversidade das formas de vida contribuem para a realização deste valor, e são em si mesmos valores;

c) Os homens não têm o direito de reduzir esta riqueza e diversidade, exceto para satisfazer necessidades vitais;

d) O desenvolvimento da vida e das culturas humanas é compatível com uma redução substancial da população humana. O desenvolvimento da vida não-humana exige essa redução;

e) A atual interferência humana com o mundo não-humano é excessiva, e a situação está a piorar rapidamente;

f) As políticas devem ser alteradas. Essas políticas afetam as estruturas econômicas, tecnológicas e ideológicas básicas. O estado das coisas daí resultante será profundamente diferente do presente;

g) A mudança ideológica é basicamente a de apreciar a qualidade de vida (residindo em situações de valor inerente) em vez de aderir a um padrão de vida cada vez mais alto. Haverá uma consciência profunda da diferença entre quantidade e qualidade e;

h) Aqueles que subscrevem os pontos anteriores têm direta ou indiretamente, a obrigação de tentar implementar as mudanças necessárias.

Portanto, o ecocentrismo, cujos movimentos como "deep ecology" inspiram, consiste na redução da natureza desenvolvimentista humana a dar espaço ao "direito da natureza".

SENDIM, mais próximo à mitigação dos conceitos polarizados, explica que a opção por uma ética ecocêntrica corresponde à consideração valorativa do Homem enquanto parte integrante da Natureza. O princípio antropocêntrico é substituído por um princípio biocêntrico, porém, não no sentido em que o valor Natureza se substituiu ao valor do Homem, mas sim no sentido em que o valor radica na existência de uma comunidade biótica em cujo vértice nos encontramos.[57]

2.3 A legislação ambiental brasileira e sua postura antropocêntrica mitigada

Pela natureza eminentemente agrária da economia brasileira até meados da década de 50 e pela necessidade de se regular os recursos hídricos, fontes de energia elétrica, as legislações versando sobre recursos minerais e florestas surgiram de forma precoce e até mesmo pioneira no país.

Já nas décadas de 30 e 40, o Brasil possuía uma legislação contemplativa dos recursos ambientais, tais como o Código de Águas (Decreto 24.643, de 10.07.1934), o primeiro Código Florestal (Decreto 23.793, de 23.01.1934) e o Código de Caça (Decreto-lei 5.894, de 20.10.1943). Da análise desses dispositivos legais, percebe-se que o núcleo da regulação estava baseado meramente na exploração econômica e no plano de tarifação.

Com exceção do Decreto-lei 2.014 de 1940[58], a legislação brasileira somente passou a ter caráter preservacionista a partir da década de 60. Um exemplo disso é a criação do atual Código Florestal Brasileiro (Lei 4.771 de 1965) que, apesar de instituir algumas áreas estratégicas de preservação permanente, apresentou e continua apresentando dificuldades tanto na implementação de suas disposições,

---

57 SENDIM, José Cunhal. *Responsabilidade civil por danos ecológicos. Da reparação do dano através da restauração natural.* Coimbra: Coimbra, 1998, p. 94.
58 Autorizou os governos estaduais a promoverem a guarda e a fiscalização das florestas.

como na abrangência de suas limitações devido a fatores como, v.g., a crescente exclusão social.

SATO[59] verifica o avanço das favelas nos morros do Rio de Janeiro ao longo de plena vigência do Código Florestal, que já havia previsto as encostas de morros como uma das áreas de preservação permanente.

O Estado brasileiro, nas décadas de 60 e 70, viveu seu ápice desenvolvimentista financiado pelo capital externo, passando a editar normas que estimulavam atividades como exploração florestal e pesca, o que ocasionou prejuízos aos recursos naturais explorados[60]. Ao mesmo tempo, recebia influência em sentido oposto, advinda do movimento mundial surgido a partir da Declaração de Estocolmo em 1972.

Um exemplo do estímulo estatal ao desenvolvimento regional com utilização predatória dos recursos naturais foi o Decreto-lei 1.376, de 1974, que instituiu dedução do imposto de renda que chegava a 50%, dentre outras subvenções:

> Art. 11. A partir do exercício financeiro de 1975, inclusive, a pessoa jurídica, mediante indicação em sua declaração de rendimentos, poderá optar pela aplicação, com base no parágrafo único do artigo 1°, das seguintes parcelas do imposto de renda devido:
>
> I — até 50%, nos fundos de Investimento do Nordeste ou da Amazônia, em projetos considerados de interesse para

---

59 SATO, Jorge. *Mata Atlântica — direito ambiental e a legislação*. São Paulo: Hemus Ltda., 1995, p. 72.
60 MAHAR, Denis J. *Government Policy and Deforestation in Brazil's Amazon Region*. Technical Report World Bank. 1989 Disponível em: "http://www.worldbank.org" Acesso em: 31 de julho de 2005.

o desenvolvimento econômico dessas regiões pelas respectivas Superintendências, inclusive os relacionados com turismo, pesca, florestamento e reflorestamento localizados nessas regiões.

Ao longo dos anos, este Decreto-lei sofreu alterações e, somente na década de 80, com a edição da Lei 6.838/81 — que instituiu a Política Nacional do Meio Ambiente — cessaram os incentivos às atividades que não observavam parâmetros de sustentabilidade.

A Constituição Federal de 1988, impregnada com idéias globais de comprometimento, dedicou diversos artigos à proteção ambiental, norteando a atual legislação infraconstitucional brasileira.

O Estado foi abandonando sua postura desenvolvimentista pura, para incentivar o desenvolvimento sustentável, ao passo que a própria consciência social, marcada por históricos de desastres ocorridos ao meio ambiente, criou uma cultura de valorização à otimização das atividades ambientalmente viáveis.

Por força do Decreto 96.943/88, foram suspensas quaisquer formas de incentivo às atividades que exploravam a Amazônia legal[61] e a Mata Atlântica.

Na atualidade, nota-se uma posição dual do Estado regulador que, por um lado, fomenta a produção de energia e procura estimular a economia, por outro, reforça a atuação direta no controle e cumprimento das normas ambientais,

---

61 Amazônia legal compreende a área integrada pelos Estados do Acre, Pará, Amazonas, Mato Grosso, Goiás (acima do paralelo de 13°), Maranhão (a oeste do meridiano de 44°,) e pelos Territórios Federais (atualmente Estados) do Amapá, Roraima e Rondônia, assim conceituada pela Lei 5.173/66 e Lei Complementar 31/77.

gerando conflitos entre entes federativos e, não raramente, entre órgãos de uma mesma esfera de Poder.[62]

Nesta esteira, a legislação brasileira, como uma das vanguardeiras mundiais na tutela jurídica dos recursos naturais[63], possui peculiaridades que merecem destaque.

O atual Código Florestal brasileiro, apesar de ter sofrido diversas alterações ao longo do tempo, seu texto original já mitigava o conceito de antropocentrismo, pois considerava a fauna como um interesse comum de todos os habitantes do País, criando limites significativos ao direito de propriedade.

Significa dizer que, diante dessa Lei, o homem já era considerado parte integrante do meio, mas não avançou a ponto de se perceber uma adoção da visão ecocêntrica, acima apresentada.

A Lei 6.938 de 1981, que criou a Política Nacional do Meio Ambiente, apresenta, por seu turno, acentuada dico-

---

62 Exemplo disso é o conflito entre a Lei 11.105/2005 — sobre Biossegurança e a Lei 6.938/81 — Política Nacional de Meio Ambiente, especificamente quanto ao órgão competente para identificar atividades potencialmente degradadoras do meio ambiente. Esta discussão travada entre o Ministério do Meio Ambiente e o Ministério da Agricultura tem como pano de fundo a exigência do Estudo de Impacto Ambiental, considerado custoso aos produtores de organismos geneticamente modificados. Outro exemplo é a discussão travada entre o Ministério do Meio Ambiente e o Ministério de Minas e Energia quanto à instituição do denominado licenciamento ambiental simplificado pela Resolução CONAMA 279/01 para os projetos de implantação de hidrelétricas. Em ambos os casos, o Ministério do Meio Ambiente sucumbiu aos setores de produção. Vide RIBEIRO, Cristiane. *Marina Silva reitera defesa de substitutivo à Lei de Biossegurança*. Disponível em: "www.brasiloeste.com.Br/noticia/1231/transgenicos-substitutivo". Acessado em: 15/02/2006.

63 O atual Código Florestal — Lei 4.771 — data de 1965, portanto, sete anos antes da primeira Conferência Mundial de Estocolmo.

tomia entre a vida humana e a vida em geral, demonstrando fortes traços de influência ecocêntrica. Com efeito, o artigo 2º, da referida Lei de Política Nacional traz a seguinte redação:

> A Política Nacional do Meio Ambiente tem por objetivo a preservação, melhoria e recuperação da qualidade ambiental propícia à *vida*, visando assegurar, no País, condições ao desenvolvimento sócio econômico, aos interesses da segurança nacional e à *proteção da dignidade da vida humana*, atendidos os seguintes princípios:
> (...)
> IV — *proteção dos ecossistemas*, com a preservação de áreas representativas;
> (...)
> Art. 3º — Para os fins previstos nesta Lei, entende-se por:
> I — meio ambiente, o conjunto de condições, leis, influências e *interações* de ordem física, química e biológica, que permite, abriga e rege a *vida em todas as suas formas*;
> (...)
> III — poluição, a degradação da qualidade ambiental resultante de atividades que direta ou indiretamente:
> a) prejudiquem a saúde, a segurança e o bem-estar da população;
> b) criem condições adversas às atividades sociais e econômicas;
> c) afetem desfavoravelmente a *biota*;
> d) afetem as *condições estéticas* ou sanitárias do meio ambiente;
> (...) (sem destaque no original)

Percebe-se dos termos destacados que a vida não está restrita à "vida humana". A interação e a proteção da biota, defendidas no ecocentrismo, são expressamente contempladas, mas a saúde, as condições sociais, econômicas e estéticas não deixam perder de vista a amplitude e a finalidade humana, características da visão antropocêntrica.

Ao analisarmos a Lei dos Crimes Ambientais (9.605/98), temos outra clara demonstração de que o legislador preferiu dispor sobre a questão de forma híbrida.

Como exemplo, temos o agravamento da pena quando a conduta afete ou exponha a perigo a saúde pública ou o meio ambiente (art.15, I, "c"), atinja áreas urbanas ou quaisquer assentamentos humanos ("f") ou tenha sido cometido com o emprego de métodos cruéis para abate ou captura de animais ("m").

Com esta análise, parece claro que o legislador pátrio conferiu autonomia de tutela ao meio ambiente, pendendo, hodiernamente, a princípios ecocêntricos. No entanto, uma vez que a caça, a pesca e a exploração dos recursos naturais não são proibidas, mas apenas dependentes de autorização nas formas regulamentares, os fundamentos ecocêntricos também perdem sua força à medida que tais regulamentos obedecem a critérios de sustentabilidade, por sua vez intimamente relacionados ao desenvolvimento humano.

Portanto, ainda que se reconheça a dificuldade de identificação do posicionamento filosófico adotado pelo legislativo brasileiro, o nosso arcabouço jurídico ambiental não se divorciou do aspecto antropocêntrico a fim de mergulhar na política ecocêntrica.

Longe de se atrelar ao antropocentrismo do "homo laber", identifica-se, atualmente, uma vertente mais ampliada da relação homem-natureza. É esta a grande contribuição da filosofia ecocêntrica, qual seja, de acrescentar certo conteúdo axiológico às políticas de desenvolvimento humano, onde se reforçou o compromisso ético do homem tanto em relação ao seu semelhante, quanto aos seres que coabitam a terra.

Reforçando a convicção de que o antropocentrismo, ao invés de ser superado, criou condições que propiciassem a inserção da ética nos seus princípios, anota-se que, mesmo reconhecendo a grata influência ecológica neste aspecto, o fator considerado determinante para esta ampliação referencial diz respeito à introdução, pela Declaração de Estocolmo, da "transgeracionalidade ambiental" o que implicou para os Estados um dever de uso racional dos recursos naturais com vista à sua preservação para uso das gerações futuras (intergenerational equity).

Neste sentido, as palavras de BENJAMIM:

> O antropocentrismo intergeracional (=das futuras gerações) é uma forma temporalmente ampliada da visão antropocêntrica clássica, já que enfatiza obrigações do presente para com os seres humanos do futuro. Como fundamento ético para a tutela jurídica do meio ambiente, é hoje o paradigma dominante nos principais países.
>
> No modelo das gerações futuras temos um novo quadro ético, construído sobre a ética da solidariedade, que se manifesta em vários níveis, no individual e no coletivo, no presente (equidade ou solidariedade intergeracional) e no futuro (equidade ou solidariedade intergeracional).[64]

Esta ampliação é conceituada pelo mesmo articulista como o antropocentrismo mitigado ou reformado que, cur-

---

64 BENJAMIM, Antonio Herman. A Natureza no Direito Brasileiro: Coisa, Sujeito ou Nada Disso. *Caderno Jurídico Bioética e Biodireito*, Ano I — nº 2, julho de 2001, São Paulo: ESPM, 2001, p. 156-157.

vando-se às futuras gerações faz gerar uma relação ética da qual brota um sentimento de bondade em relação aos animais e às plantas que, em última análise, retornam em benefício do próprio homem.

2.4 O meio ambiente como objeto de proteção jurídica

Demonstrada a posição antropocêntrica, ainda que mitigada, da legislação ambiental brasileira, cumpre delimitar qual a exata amplitude do conceito de bem ambiental, objeto de proteção jurídica.

A questão não é pacífica. Como já aludido e confirmando a idéia de que o embate teórico entre o antropocentrismo e o ecocentrismo está longe de ser superado, apresenta-se a divisão conceitual de MILARÉ, para quem:

> No conceito jurídico mais em uso de meio ambiente podemos distinguir duas perspectivas principais: uma estrita e outra ampla.
>
> Numa visão estrita, o meio ambiente nada mais é do que a expressão do patrimônio natural e as relações com e entre os seres vivos. Tal noção, é evidente, despreza tudo aquilo que não diga respeito aos recursos naturais.
>
> Numa concepção ampla, que vai além dos limites estreitos fixados (natural) e artificial, assim como os bens culturais correlatos. Temos aqui, então, um detalhamento do tema: de um lado com o meio ambiente natural, o físico, constituído pelo solo, pela água, pela energia, pela fauna e pela flora; e, do outro, com o meio ambiente artificial (ou humano), formado pelas edificações, equipamentos e al-

terações produzidos pelo homem, enfim, os assentamentos de natureza urbanística e demais construções. Em outras palavras, quer se dizer que nem todos os ecossistemas são naturais, havendo mesmo quem se refira a "ecossistemas sociais" e "ecossistemas naturais". Esta distinção está sendo, cada vez mais, pacificamente aceita, quer na teoria, quer na prática.

Nessa perspectiva ampla, o meio ambiente seria "a interação do conjunto de elementos naturais, artificiais e culturais que propiciem o desenvolvimento equilibrado da vida em todas as suas formas".[65]

Ao se tentar determinar o objeto a ser protegido pelo artigo 225 da Constituição Federal, SILVA argumenta que:

> A Constituição, no art. 225, declara que todos têm direito ao meio ambiente ecologicamente equilibrado. Veja-se que o objeto do direito de todos não é o meio ambiente em si, não é qualquer meio ambiente. O que é objeto do direito é o meio ambiente qualificado. O direito que todos temos é à qualidade satisfatória, o equilíbrio ecológico do meio ambiente. Essa qualidade é que se converteu num bem jurídico. A isso é que a Constituição define como bem de uso comum do povo e essencial à sadia qualidade de vida.[66]

Em sentido diverso, FIORILLO e RODRIGUES:

---

65 MILARÉ, Édis. *Direito do Ambiente*. 3ª ed. São Paulo: RT, 2004. p. 78.
66 SILVA, José Afonso da. *Direito ambiental Constitucional*. 2ª ed., 3ª tiragem, São Paulo: Malheiros, 1998, p. 56.

Assim, com relação ao art. 225 da CF, podemos dizer que a palavra ali empregada não teve o condão de referir-se ao seu aspecto de justiça, mas ao seu revés, foi além, no sentido de considerar o objeto ali compreendido (meio ambiente) como um bem jurídico que a todos pertence, isto é, permitindo que independentemente de quem quer que seja, possuirá o direito de ter acesso e usufruir deste bem. Entretanto, este direito é ínsito à própria existência do ser, ele não está apto a recusá-lo, até porque não seria possível fazê-lo, dada a sua indivisibilidade. Todavia, queremos colocar que ao dizer que o meio ambiente é (uma afirmativa peremptória) direito de todos, significa que como tal este bem jurídico deve ser tratado. Assim por ordem da própria Constituição, elevando-o a condição de um Direito de todos, temos que, em decorrência do princípio constitucional do direito de ação, previsto no artigo 5º, XXXV, a todos pertence o direito de buscar no judiciário a proteção deste Direito contra lesão ou ameaça.[67]

Ainda que a primeira posição tenha o mérito de posicionar o meio ambiente como um bem imaterial mais abrangente que os elementos que o constituam, não se pode conceber a idéia de que o direito alcance apenas o meio ambiente previamente equilibrado pois, de acordo com ela, o meio ambiente já degradado não faria jus a ações de recuperação.

Deve-se aliar o conceito de meio ambiente inserto no art. 3º, I, da Lei 6.938/81 à posição antropocêntrica mitigada adotada pelo conjunto normativo.

---

67 FIORILLO, Celso Antonio Pacheco e RODRIGUES, Marcelo Abelha. *Manual de direito ambiental e legislação aplicável.* 2ª ed. São Paulo: Max Limonad, 1999, p. 82.

Assim, conclui-se que o meio ambiente apresenta-se como um sistema imaterial de inter-relação entre os diversos elementos ambientais (físico, químico, biológico e antrópico), estes de natureza material, que proporcionam o equilíbrio da vida na terra. Adota-se um conceito ampliado a fim de integrar ao patrimônio ambiental, além dos elementos naturais, os valores culturais, históricos e paisagísticos.

O ordenamento protege a estrutura ecossistêmica através de seus elementos que possuem regimes jurídicos próprios e, ao mesmo tempo, determina ações positivas no sentido de recuperar os elementos em desequilíbrio, que também integram o objeto tutelado. Em outras palavras, o meio ambiente merece proteção enquanto meio e por seus elementos para se atingir o objetivo de equilíbrio.

O equilíbrio ecológico tem que ser entendido com vistas à realidade impactante do homem sobre a terra. Trata-se de tentar materializar o conclamado "desenvolvimento sustentável" que pode, numa visão superficial, ser equivocadamente interpretado como uma revisitação moderada do velho antropocentrismo, já estudado.

Este equilíbrio deve ser entendido como o atingimento e a manutenção das condições naturais e artificiais que proporcionem a qualidade de vida em todas as suas formas.

O problema é que, a seguir pela linha de raciocínio da linha antropocêntrica radical, a qualidade de vida do homem, objetivo do equilíbrio ambiental, não raras vezes entra em conflito com a qualidade de vida de outros seres e até mesmo da coletividade humana.

A qualidade de vida deve ser entendida no contexto dos direitos de solidariedade que regem os interesses coletivos e, quando tais conflitos ocorrem, fica evidente que a qualidade de vida de alguns, danosa à coletividade e ao próprio meio, não é a que está protegida juridicamente. Aliás, nem pode ser considerada qualidade de vida, pois coloca em risco o equilíbrio e as futuras gerações, por conseqüência, a qualidade da própria vida individualmente considerada.

Por outro lado, é importante considerar que a análise isolada de um elemento específico, constituinte do meio ambiente, pode ser um fator desencadeador de desequilíbrio do sistema como um todo. Isto porque o meio ambiente é um sistema dinâmico cujo ordenamento prevê a utilização dos recursos naturais, os quais, por isso mesmo, são denominados recursos.

Este conceito de interdependência sistêmica do meio ambiente, aliado ao desenvolvimento sustentável, pode fazer surgir alguma discussão acerca da disponibilidade de certos elementos ou recursos ambientais com vistas à própria manutenção do equilíbrio ambiental, nele inserida a qualidade de vida contemporânea dos seres humanos. Trata-se de valoração dos impactos negativos e positivos que norteiam o licenciamento e a regulação ambiental.

Imaginemos as cadeias ecológicas consistentes em predadores e presas que se equilibram num compasso de eliminação e controle populacional. O homem obviamente não se insere de forma plena neste contexto de ciclo natural, porque se encontra no topo desta cadeia alimentar e não possui predadores naturais, o que impede, por exemplo, a redução do índice vegetativo da humanidade. No entanto, as relações de interdependência e ética do homem com os demais elementos impõem limites, visando à preservação do sistema e manutenção ou busca do equilíbrio vital.

Esses limites são determinados pela lei que, mesmo dependente de critérios técnicos, confere alto grau de discricionariedade administrativa para a atuação nos casos concretos.

Traça-se, assim, um panorama de divergências relacionadas ao real significado do meio ambiente como objeto do ajustamento de conduta a ser estudado, tanto como interesse difuso, como bem imaterial sistêmico que deve alcançar ou permanecer em equilíbrio.

A complexidade do tema torna igualmente árdua a missão de se tentar dissecar e compreender o próprio compromisso de ajustamento de conduta aplicável ao meio ambiente, como instrumento apto a fornecer resultados positivos na solução de conflitos a ele relacionados.

Tomando por base o que foi apresentado, inicia-se o estudo do instrumento propriamente dito.

3. O compromisso de ajustamento de conduta da Lei 7.347/85

O cenário de conflitos entre diversos interesses do Estado e da sociedade em massa, gerou uma ampla corrida ao Poder Judiciário como última instância de solução. O reconhecimento do meio ambiente como objeto de proteção jurídica no Brasil inseriu mais uma matéria social a desembocar num sistema processual profundamente comprometido e moroso[68], além de inadequado a soluções de controvérsias coletivas.

Como forma de se remediar tal questão e, sob forte influência das ADR's[69], o Código de Defesa do Consumidor incluiu o § 6º no artigo 5º da Lei de Ação Civil Pública, que institui o compromisso de ajustamento de conduta, passando a ser um instrumento de composição de controvérsias e estabilizador social a ser celebrado diretamente

---

68 Sobre diagnóstico do Judiciário brasileiro, vide Capítulo 8 deste trabalho.
69 Cf. CAPPELLETTI, Mauro. Os métodos alternativos de solução de conflitos no quadro do movimento universal de acesso à justiça. *Revista Forense*, Rio de Janeiro: Forense, vol. 326, abril/junho 1994, p. 121-130.

entre a Administração e os interessados nas questões envolvendo direitos coletivos.

O compromisso busca proporcionar um ambiente de negociação, visando trazer melhores resultados na conciliação entre o meio ambiente e o desenvolvimento. Neste quadro, esmera-se ao admitir a participação de diversos segmentos, afastando, em muitos casos, a solução litigiosa.

O nascimento do instrumento no Código de Defesa do Consumidor se deu de forma um tanto quanto conturbada, passando por manifestação de veto presidencial que, ao final, não se concretizou no ato de publicação do Diário Oficial, estando, portanto, em vigor, reconhecido pela maioria da comunidade jurídica[70], mas ainda capaz de gerar sérias implicações processuais[71].

São legítimos tomadores todos os entes públicos capazes de ingressar com a ação civil pública, bem como órgãos públicos sem personalidade jurídica própria[72].

---

70 O argumento usado pelos que sustentam o veto a tal parágrafo fundou-se no fato de que teria havido equívoco na promulgação do artigo 113 em sua íntegra, pois era manifesta a vontade do Presidente da República de vetar o compromisso de ajustamento, intento este exteriorizado por expresso nas razões do veto a outro dispositivo da mesma lei (o parágrafo 92) "Esse argumento, ainda que verdadeiro no tocante à mens legislatoris, não é, porém, suficiente para induzir à existência do veto do instituto constante do art. 113, pois este dispositivo foi regularmente sancionado e promulgado, em sua íntegra, como se pode aferir do exame da publicação oficial da Lei 8.078 de 11.09.1990, publicado no Diário Oficial da União do dia imediato, em edição extraordinária" (Notas sobre o compromisso de ajustamento de conduta.) Cf. MILARÉ, Édis. *Direito do Ambiente*, São Paulo: RT, 2004, p. 818/819.

71 Ver estudo de caso, Capítulo 8.

72 Característica trazida pelo Código de Defesa do Consumidor e reforçada pela Lei 9.605/98.

Na fase pré-processual, possui a característica de dispensar a fase de conhecimento de eventual ação civil pública para, desde logo, formalizar um título executivo extrajudicial.

A possibilidade de acordos versando sobre direitos ou interesses difusos já era prevista antes mesmo da Constituição de 1988. Como bem observou MIRRA:

> Essa orientação, cumpre ressaltar, vem ganhando força desde a edição da Lei 7.661/88 — Instituidora do Plano Nacional de Gerenciamento Costeiro —, a qual previu expressamente a possibilidade de celebração de "acordos judiciais" em ações de reparação de danos ao meio ambiente ocorridos na zona costeira (art. 7°, parágrafo único) e, ainda mais, a partir da introdução no texto da Lei 7.347/85, por modificação trazida pela Lei 8.078/90, de dispositivo autorizador da tomada do denominado "compromisso de ajustamento de conduta às exigências legais" (art. 5°, § 6°), modalidade de acordo extrajudicial passível de ser firmado entre os órgãos públicos (incluindo o Ministério Público) legitimados para a causa na ação civil pública e o degradador, que muitos vêem, efetivamente, como a consagração definitiva no direito positivo brasileiro da admissibilidade de transações em tema de direitos e interesses difuso.[73]

Como aludido na introdução deste trabalho, o cerne da questão consiste na definição da natureza jurídica do compromisso que versa sobre direitos coletivos em sentido amplo e, portanto, indisponíveis ao tomador público.

---

73 MIRRA, Álvaro Luiz Valery. *Ação civil pública e a reparação do dano ao meio ambiente*. 2ª ed. São Paulo: ed. Juarez de Oliveira, 2004, p. 243.

Surgem, então, questões derivadas merecedoras de reflexão: os limites de transigência, se possível, em termos de ajustamento de conduta; a real configuração do dano a ser evitado e/ou reparado, de forma a contornar o objeto perseguido pelo compromisso; as repercussões entre as três esferas de responsabilidade e o controle jurisdicional do termo.

Inicia-se agora o estudo da natureza jurídica do compromisso de ajustamento de conduta, previsto na Lei 7.347/85, para posteriormente traçar-se um paralelo ao ajustamento trazido pela Lei 9.605/98, específico aos crimes e infrações ambientais.

3.1 Natureza jurídica

Os debates existentes entre esta modalidade de compromisso podem ser seccionados em três correntes básicas de entendimento: a corrente que entende o compromisso como transação bilateral; outra como acordo em sentido estrito; e a que concebe o instrumento como ato administrativo. O presente trabalho classificará a primeira e a segunda como contratualistas (em sentido amplo); e a segunda como administrativista (sentido estrito).

3.1.1 Hipótese contratualista

Tendo em vista que o tomador do ajustamento de conduta sempre será um órgão público, por óbvio, a hipótese contratualista abrange também os contratos administrativos. A hipótese administrativista se limitará aos atos administrativos próprios enquanto manifestações unilaterais do Poder Público.

Dentro desta primeira corrente que insere o ajustamento na esfera contratual, identificam-se duas vertentes de compreensão: a primeira apregoa que o compromisso se trata de transação bilateral; a segunda refuta a idéia de transação e tenta, sem sucesso, afastar a idéia de contrato, denominando-o como "acordo unilateral", em concessões mútuas como a primeira, e sem margem de livre alternativa ao tomador.

A primeira vertente alude que o compromisso de ajustamento configura transação tal como prevista no Código Civil (atual art. 840), asseverando que, na negociação do compromisso, não se discute a disponibilidade do direito material ao meio ambiente, mas a situação periférica de resguardo do mesmo e, por isso, admite negociar prazos e forma de cumprimento, não o direito indisponível ambiental. Aplicar-se-iam, no que couber, os regramentos do direito civil.

Tratar-se-ia de aplicar a norma com vista em seus fins maiores. FINK[74] expressa seu convencimento de que o compromisso é transação, de caráter contratual cujo regime deve seguir, no que couber, a legislação civil com a devida ressalva, por envolver bens de natureza não patrimoniais e não privados.

No mesmo sentido NERY JR., que entende o ajustamento de conduta como uma revisitação do instituto da transação civil, com as mudanças necessárias exigidas pelos direitos e interesses difusos. Segundo o professor da PUC/SP: "É possível a transação em matéria de direitos

---

[74] FINK, Daniel Roberto. Alternativa à ação civil pública ambiental (reflexões sobre as vantagens do termo de ajustamento de conduta). In: MILARÉ, Edis (coord.). *Ação Civil Pública — Lei 7.347/85 — 15 anos*. São Paulo: RT, 2001, p. 119-120.

difusos e coletivos, analisada em face de cada caso concreto".[75]

Da mesma forma MILARÉ[76], ao afirmar que o compromisso seria uma figura peculiar de transação.

Portanto, acreditam na natureza transacional, contratual e bilateral do compromisso, porém abrem uma ressalva de peculiaridade a inovar o instituto civil. Seria uma transação civil peculiar ou parcial.

A peculiaridade estaria na limitação do direito de transigir, ou melhor, na proibição de disponibilidade quanto aos aspectos de direito material.

Segundo NERY JR.[77], o instrumento deveria considerar o meio ambiente e o interesse público de forma mais abrangente e levar em conta fatores apresentados pelo caso concreto para, então, avaliar o grau de transigência cabível no respectivo termo.

Embora se saiba que os legitimados detêm o poder — dever de proteger o meio ambiente com os meios jurídicos disponíveis, esta obrigação não se sobreporia ao livre convencimento do legitimado, devidamente motivado pelo que se entende por "interesse público".[78]

---

75 NERY JR., Nelson. Compromisso de ajustamento de conduta: solução para o problema da queima da palha da cana-de-açúcar. *Revista dos Tribunais* nº 629, São Paulo: RT, 1988, p. 31.

76 MILARÉ, Édis. Tutela jurídico-civil do meio ambiente. apud FIORILLO, Celso Antonio Pacheco; RODRIGUES, Marcelo Abelha; NERY, Rosa Maria Andrade. *Direito processual ambiental brasileiro*. Belo Horizonte: Del Rey, 1996, p. 177.

77 NERY JR., Nelson. Compromisso de ajustamento de conduta: solução para o problema da queima da palha da cana-de-açúcar. Op. cit. p. 31.

78 Note que este fundamento somente poderia ser aplicado ao ajustamento de conduta celebrado na fase pré-processual, antes da propositura da ação civil pública.

Para a maioria dos doutrinadores, o instrumento, em qualquer hipótese, permitiria pactuação apenas dos prazos e modo de cumprimento das obrigações, que devem visar à reparação integral do bem lesado.

De qualquer modo, essa vertente, ao admitir a bilateralidade e variável grau de obrigações mútuas, tende a vincular o órgão público tomador aos termos do acordo em maior ou menor grau. Mas a característica mais importante é a aplicação do regime jurídico de direito privado nessas relações, ressalvadas as peculiaridades apontadas.

A segunda vertente, também inserida na corrente contratualista, nega a criação de um novo instituto do modelo transacional e aborda a hipótese de "acordo em sentido estrito", portanto, unilateral. Aliás, nega até mesmo estar inserida na corrente contratualista.

Nessa linha de raciocínio, contrapondo a anterior, expressa AKAOUI:

> No entanto, ainda que posto pela doutrina como uma forma peculiar de transação, é certo que a nós parece que o compromisso de ajustamento de conduta se insere dentro de outra espécie de um gênero mais abrangente, qual seja, o acordo.
>
> Realmente, os acordos nada mais são do que composição dos litígios pelas partes nele envolvidas, sendo certo que esta composição pode ou não implicar concessões mútuas. Em caso positivo, diante do permissivo legal, estaremos diante do instituto da transação, como já acima delineado. Em caso negativo, posto que indisponível seu objeto, então estaremos diante do que convencionamos denominar acordo em sentido estrito.[79]

---

[79] AKAOUI, Fernando Reverendo Vidal. *Compromisso de ajustamento de conduta ambiental*. São Paulo: RT, 2003, p. 70-71.

CARNEIRO, no mesmo sentido da unilateralidade, assevera que:

(...) o conteúdo do compromisso de ajustamento de conduta está mais próximo do reconhecimento de uma obrigação legal a cumprir, de um dever jurídico. Não existe tecnicamente uma transação, até porque esta pressupõe concessões mútuas, situação que seria impossível em sede de direitos difusos e coletivos, indisponíveis que são.[80]

Esta vertente é restrita até mesmo quanto aos prazos e modos de cumprimento da obrigação que devem seguir parâmetros rígidos de controle.

Não há qualquer vinculação do órgão tomador com os termos ali firmados, que traduzem nada mais do que uma voluntariedade unilateral do degradador ou potencial degradador ambiental em ajustar sua conduta, admitindo de antemão sua responsabilidade e cumprindo, desde logo, as imposições do órgão público tomador, cuja função seria de fiscalizar sua execução.

Quanto ao objeto do ajustamento de conduta, a corrente unilateralista observa que deve contemplar, obrigatoriamente, tudo aquilo a ser pleiteado na ação civil pública, restando pouca liberdade ao órgão tomador, que somente poderia negociar prazos e formas de cumprimento da obrigação.

---

80 CARNEIRO, Paulo Cezar Pinheiro. *A proteção dos direitos difusos através do compromisso de ajustamento de conduta previsto na lei que disciplina a ação civil pública*. 1992. Tese apresentada e publicada nos anais do 9º Congresso Nacional do Ministério Público, Bahia. Livro de Estudos Jurídicos nº 6, do Instituto de Estudos Jurídicos, 1993, p. 400.

Por ter natureza unilateral e não havendo obrigações por parte do tomador, não haveria que se falar em vinculação deste. Não poderia proporcionar nenhuma estabilidade ao avençado, nem com relação a ele próprio, tampouco com relação aos demais co-legitimados.

Dentro das perspectivas apresentadas, conclui-se que, ontologicamente, não há discordância entre as duas vertentes quanto à natureza contratual do compromisso. Discordam, entretanto, quanto ao regime jurídico aplicável. Vejamos os fundamentos.

A primeira vertente, bilateral, ao invocar o termo "transação", parece adotar o regime jurídico de direito privado, ressalvadas as peculiaridades do bem protegido.

Já a segunda vertente, que trata do acordo em sentido estrito, aproxima-se do regime público, porém não cogita tal regime como parte integrante da hipótese contratual.

No entanto, MEIRELLES ensina que:

> Contrato administrativo é o ajuste que a Administração Pública, agindo nessa qualidade, firma com particular ou outra entidade administrativa para a consecução de objetivos de interesse público, nas condições estabelecidas pela própria Administração.[81]

Embora a regra seja que os contratos, à luz do direito civil, tenham características de onerosidade e comutatividade, nada impede que estes representem uma relação verticalizada entre a Administração e o particular. Aliás, a regra determina que não haverá paridade entre as partes no contrato administrativo, permitindo, inclusive, a estipulação unilateral de cláusulas pela Administração.

---

81 MEIRELLES, Hely Lopes. *Direito administrativo brasileiro*. 24ª ed. São Paulo: Malheiros, 1999, p. 193-194.

No mesmo sentido DI PIETRO ao asseverar que:

> O contrato administrativo, ao contrário, ainda que as cláusulas regulamentares ou de serviço sejam fixadas unilateralmente, só vai aperfeiçoar-se se a outra parte der o seu assentimento; além disso, o contratado não é titular de mera faculdade outorgada pela Administração, como ocorre nos atos negociais, mas ao contrário, assume direitos e obrigações perante o poder público contratante.[82]

Portanto, para a primeira vertente, que classifica o compromisso como espécie de transação, admitindo-se concessões mútuas, estar-se-ia diante de contratos bilaterais onerosos[83], com obrigações a ambas as partes e regidos por regras de direito contratual privado.

A segunda vertente, que tenta demonstrar a existência de um acordo unilateral, igualmente não foge da natureza contratual, simplesmente porque traz a unilateralidade como característica. Apenas prevê obrigações exclusivamente para uma parte, mas não deixa de ser biface e dependente do assentimento dos signatários. Por isso, propositalmente, o trabalho insere todas essas vertentes na corrente contratualista, de uma forma mais ampla e abrangente.

A primeira característica geral contratual do instituto é a consensualidade. Não se admite ajustamento de conduta coercitivo. Não se impõe o compromisso, que é (ou deveria ser) acordo de livre vontade. O compromisso nasce da livre

---

[82] DI PIETRO, Maria Sylvia. *Direito Administrativo*. 14ª ed. São Paulo: Atlas, 2002, p. 242.

[83] Aliás, o Código Civil de 2002 trata a transação como contrato ao inseri-la no Capítulo XIX do Título IV — Das várias espécies de contrato.

proposta ou da aquiescência do compromitente com a obrigação advinda do órgão público tomador.

A segunda característica é a formação do vínculo obrigacional, pouco importando se oneroso para ambas as partes ou apenas para uma. Servindo apenas para diferenciar, basicamente, a vertente bilateral da unilateral quanto às obrigações.

A terceira característica diz respeito à peculiaridade do interesse difuso envolvido. Ambas as vertentes reconhecem que a indisponibilidade do bem repercute na limitação contratual. Enquanto a vertente bilateral insere uma peculiaridade ao regime de direito privado do compromisso, a segunda vertente focaliza a supremacia do interesse público a inviabilizar, por completo, qualquer forma de negociação.

A teoria contratualista, na vertente bilateral, encontra fortes barreiras quando se questiona a natureza e indisponibilidade do bem ambiental, a legitimidade dos órgãos públicos, que não a exercem com exclusividade, bem como a sub-representatividade dos interesses difusos, desautorizando a disponibilidade desses direitos.

Parece que a grande dificuldade encontrada pela vertente contratual bilateral, decorre do caráter privatista com que a doutrina tem abordado a hipótese contratual do ajustamento de conduta, sempre dando ênfase à modalidade "transação", que pressupõe concessões mútuas, sem enxergar outras modalidades de avença regidas pelo direito público.

A teoria contratualista, em sua vertente do acordo unilateral, não consegue dar respostas adequadas a aspectos como efetividade/exeqüibilidade, qualidade do ajuste, alternativas técnicas e locacionais, ampla defesa, contraditório e segurança jurídica.

Isso porque, quanto ao objeto do ajuste, a vertente unilateral defende não haver margem de escolha para o órgão público tomador, nem mesmo no sentido do exercício do poder discricionário. Porém, partindo da concepção de indeterminação e amplitude interpretativa do interesse público norteador do acordo, as estipulações clausuladas correm o risco de se apresentarem desarticuladas dos critérios técnicos e das peculiaridades casuais da análise profunda pela busca do equilíbrio ambiental, anteriormente estudado.

A abstração e peculiaridades demonstradas acima, quanto ao equilíbrio ambiental como objeto jurídico protegido, podem fazer com que regras fixas tornem-se contraproducentes ao consenso. Ademais, a coexistência da unilateralidade inflexível e a necessidade de assentimento do compromitente tendem a se conflitar quando se coloca em jogo o exercício de garantias como o contraditório e ampla defesa, podendo acarretar o insucesso da medida alternativa de solução da controvérsia.

3.1.2 Hipótese Administrativista

Esta hipótese merece reflexão na medida em que há uma corrente que entende o compromisso de ajuste como um ato administrativo[84] sem, no entanto, atribuir-lhe enquadramento específico. Nesta linha, sabendo-se que o compromisso é elaborado pelo ente público legitimado, é válido tentar enquadrá-lo na teoria dos atos administrativos próprios.

---

84 CARVALHO FILHO, José dos Santos. *Ação civil pública: comentários por artigo*. 3ª ed. Rio de Janeiro: Lúmen Júris, 2001, p. 201-203.

Dentro da clássica classificação dos atos administrativos, existe a menção dos atos administrativos negociais, surgidos de verdadeira tradução livre do italiano atti amministrativi negoziali, do castelhano acto administrativo, negocio jurídico e do alemão rechtsgeschaeftliche Verwaltungsakte.[85]

Segundo MEIRELLES, trata-se de atos que contêm uma declaração de vontade do Poder Público coincidente com a pretensão do particular, visando à concretização de negócios jurídicos públicos ou à atribuição de certos direitos ou vantagens ao interessado.[86]

Seriam atos do Poder Público, agindo nesta qualidade, mas que não refletiriam uma imposição ou uma obrigação. Apenas expressariam um consentimento da Administração para com uma pretensão do particular. Figuram como exemplos as licenças, permissões, admissões, aprovações, exonerações a pedido, etc.

O referido administrativista os distingue do contrato administrativo dizendo:

> Esses atos, embora unilaterais, encerram um conteúdo tipicamente negocial, de interesse recíproco da Administração e do administrado, mas não adentram na esfera contratual. São e continuam sendo atos administrativos (e não contratos administrativos), mas de categoria diferenciada dos demais, porque geram direitos e obrigações para as partes e as sujeitam aos pressupostos conceituais do ato, a que o particular se subordina incondicionalmente.[87]

---

85 Cf. MEIRELLES, Hely Lopes. *Direito administrativo brasileiro*. 24ª ed. São Paulo: Malheiros, 1999, p. 169.
86 Idem, p. 168.
87 Ibidem, p. 169.

O principal fator que leva a aventar a hipótese do compromisso de ajustamento de conduta como um ato administrativo negocial é o exemplo de "protocolo administrativo" trazido pelo mesmo administrativista que, à primeira vista, parece enquadrar-se exatamente no que se pretende do ajustamento de conduta:

> Protocolo administrativo é ato negocial pelo qual o Poder Público acerta com o particular a realização de determinado empreendimento ou atividade ou a abstenção de certa conduta, no interesse recíproco da Administração e do administrado signatário do instrumento protocolar. Esse ato é vinculante para todos que o subscrevem, pois gera obrigações e direitos entre as partes. É sempre um ato biface, porque de um lado está a manifestação de vontade do Poder Público, sujeita ao Direito Administrativo e, de outro, a do particular ou particulares, regida pelo Direito Privado.[88]

Entretanto, ainda que digna de consideração, a presente hipótese não apresenta nenhuma característica distinta da hipótese contratual. Embora inserida no rol dos atos negociais, contraria totalmente o conceito de ato administrativo, anteriormente apresentado.

Com efeito, traz características impróprias ao gênero em que se situam, mesclando, no mesmo ato, regimes públicos e privados, pois coloca a Administração sujeita ao direito público e o administrado, ao direito privado, para a formação de um único ato. Admite consensualidade no ato, mesmo reconhecendo que o ato administrativo seja, por definição, uma manifestação unilateral de vontade emanada do Poder Público.

---

88 Ibidem, p. 173.

Isso se torna um problema porque o assentimento das partes, como condição de eficácia, é a característica primordial dos contratos, não dos atos administrativos. Os atos negociais são aqueles que, embora provocados pelo administrado, não perdem sua característica unilateral. Exemplos deles são as licenças, permissões e as concessões de aposentadoria que, como atos negociais, necessitam de requerimento expresso do interessado para a sua formação, mas não dependem do assentimento deste para sua eficácia, como o ajustamento de conduta.

3.1.3 Posicionamento adotado neste trabalho

Para que se possa elaborar um entendimento acerca da natureza jurídica do compromisso de ajustamento de conduta é importante notar que as posições doutrinárias, acima debatidas, apresentam alguns traços peculiares merecedores de reflexão.

A hipótese contratualista unilateral parece acertar ao dar maior ênfase à supremacia do interesse público e permitir a revogação unilateral em favor da Administração, o que confere uma certa precariedade ao ajustamento, como exige a tutela do meio ambiente, geralmente sensível ao dinâmico movimento de aperfeiçoamento e descobertas científicas que demonstram a ineficácia de celebrações jurídicas estanques.

Ao mesmo tempo em que apresenta a característica de precariedade em favor da Administração, gera vinculação quanto à estipulação das cláusulas por parte do ente público que deve, irrenunciavelmente e sem margem discricionária, inserir tudo aquilo que poderia ser pleiteado na ação civil pública.[89] Há, portanto, uma coexistência de precarie-

---

89 MILARÉ, Edis. *Direito do Ambiente*. São Paulo: RT, 2000, p. 394-396.

dade e vinculação para o mesmo instrumento, sempre a favorecer o que se denomina interesse público ambiental.

No entanto, especificamente para a fase pré-processual, a consensualidade e voluntariedade, próprias do contrato, esvaziam-se na medida em que se parte necessariamente do pressuposto de confissão ou reconhecimento de responsabilidade, que substituiria a fase de cognição judicial e, por isentar a Administração de qualquer vínculo ao avençado, afasta a segurança jurídica que possa beneficiar o signatário aderente, dificultando a solução por esta via.

Além disso, a unilateralidade extremada na fase pré-processual poderia provocar choques com a capacidade de livre convencimento do tomador público que, da análise das peculiaridades do caso, não se permitiria considerar atendido o interesse público se outra forma de composição fosse proposta.

Ressalta-se que o ajuizamento da ação não pressupõe certeza de provimento total da demanda, sempre dependente de cognição judicial e cotejo probatório adequado. O acordo que pretende evitá-lo raramente logrará êxito sem um gerenciamento adequado desta expectativa de provimento jurisdicional e a obtenção célere de soluções ambientais consensuais.

Em se levando a cabo a posição contratualista unilateral, especificamente na fase pré-processual, o ajustamento de conduta da Lei de Ação Civil Pública equivaleria ao cumprimento prévio de eventual condenação judicial com a renúncia dos direitos inerentes ao devido processo e ampla defesa, os quais seriam assegurados na mesma ação civil pública não ajuizada. Não haveria, na negociação, qualquer margem de discussão a respeito das próprias peculiaridades que o caso possa apresentar.

Poder-se-ia indagar: se o devido processo legal consubstancia-se numa garantia constitucional imanente ao ser humano e construída mediante evolução histórica e política, por que o compromitente haveria de escolher, desde logo, os efeitos integrais de uma condenação prévia a exercer este direito? Tal situação pode gerar um estímulo ao contencioso judicial.

A busca pelo interesse público e a indefinição deste conceito jurídico também dá ensejo a discussões quanto à opção pelo caminho que alcance tal finalidade, que, por se tratar de assunto afeto a múltiplas disciplinas, talvez não enseje, sempre, uma única conduta.

Desta forma, a idéia unilateralista[90] de se afastar a discricionariedade administrativa na condução do acordo pode ser um desencadeador de soluções desguarnecidas de exeqüibilidade técnica ou mesmo levar à frustração do próprio acordo que poderia, em termos gerais, gerar ganhos ao equilíbrio da qualidade de vida, enquanto bem jurídico a ser tutelado.

Evidentemente, essa liberdade de escolha, admitida para o compromisso, deve estar plenamente inserida na legalidade e apta a dar a melhor resposta aos casos concretos em que se apresentam os conflitos ambientais. Para tanto, deve obedecer a certos pré-requisitos para não ser confundida com arbitrariedade a desviar sua finalidade.[91]

A hipótese administrativa tenta, por seu turno, adequar a unilateralidade do ato administrativo à necessidade negocial sem, no entanto, admitir que a bilateralidade, mesmo desigual, é característica própria dos contratos administrativos.

---

90 Cf. AKAOUI, Fernando Reverendo Vidal. *Compromisso de ajustamento de conduta ambiental*. São Paulo: RT, 2003, p. 72.

91 O tema será desenvolvido no próximo capítulo, quando do estudo do exercício da discricionariedade no ajustamento de conduta como limite ao compromisso.

A auto-executoriedade dos atos administrativos traduz a sua eficácia independentemente do assentimento de terceiros[92], ainda que atenda diretamente o interesse de um requerente, nos casos, v.g., de uma permissão. O ajustamento de conduta, por outro lado, ainda que contenha obrigações dirigidas apenas ao comprometente[93], necessita de sua anuência expressa para ter aptidão de produzir seus efeitos.

Também não se consegue deixar de ver uma figura contratual no conceito apresentado para o ato negocial denominado "protocolo administrativo". Talvez a dificuldade em se admitir a natureza contratual desta modalidade resida na clássica idéia de inexistência de figuras contratuais com a finalidade de gerenciar bens coletivos.

Na lição de MEIRELLES,

> Ato administrativo é toda manifestação unilateral de vontade da Administração Pública que, agindo nessa qualidade, tenha por fim imediato adquirir, resguardar, transferir, modificar, extinguir e declarar direitos, ou impor obrigações aos administrados ou a si própria.[94]

A unilateralidade de que trata o estudo citado não é relativa às obrigações, mas à eficácia do ato, que não necessita do assentimento do administrado para produzir seus

---

92 Cf. MEDAUAR, Odete. *Direito Administrativo moderno*. 2ª ed. São Paulo: RT, 1998, p. 155.

93 Hipótese bastante remota, na medida em que a aceitação do órgão tomador, ainda que implícita, de não propositura da ação ou adoção de outras medidas coercitivas, possa ser considerada como uma parte das obrigações dirigidas ao Estado.

94 MEIRELLES, Hely Lopes. *Direito administrativo brasileiro*. 24ª ed. São Paulo: Malheiros, 1999, p. 132.

efeitos. Neste caso, não se aplica ao compromisso de ajustamento de conduta que, necessariamente, depende da anuência das partes para produzir seus efeitos, razão que afasta a hipótese de ato administrativo, por si só eficaz no ato de sua edição.

Além disso, o ato administrativo negocial não tem o condão de impor obrigações. Apenas confere direitos a que o interessado exerça certa atividade ou pratique determinado ato.

O protocolo administrativo, como espécie do gênero ato administrativo negocial, apresenta características que fazem crer ser ele, de fato, um contrato administrativo. Neste sentido, a esclarecedora constatação de CRETELLA JR:

> Sendo bilateral ou "biface", o protocolo administrativo ou protocolo de intenções não pode jamais ser classificado como ato administrativo, porque lhe falta o atributo fundamental do ato, a unilateralidade. Não pode, assim, como fez Hely Lopes Meirelles, a partir da 16ª edição de seu livro, edição de 1988, p. 162, figurar em lista exemplificativa, ao lado dos seguintes atos, tipicamente administrativos, e, pois, unilaterais: permissão, autorização, licença, visto, admissão, aprovação, dispensa, renúncia, homologação. A esses nove atos somente pode ser acrescida nova espécie com os mesmos traços, e como todos são unilaterais, nenhum ato "biface" pode figurar neste elenco.
>
> Se o protocolo administrativo for incluído nessa lista, a definição que os abrange, dando-lhes os atributos, precisa ser alterada. Se não o for, deixa-os de fora. Como não é possível essa alteração conceitual, o protocolo administra-

tivo tem de fazer parte, forçosamente, de outra lista, a dos atos "bifaces" por subscrito por duas partes, no mínimo. É mais contrato do que ato.[95]

Quanto à hipótese contratualista bilateral, que traz uma idéia de transação regrada pelo direito civil, a indisponibilidade do bem ambiental, apesar de não recomendar engessamento absoluto da capacidade de gestão pelos órgãos públicos legitimados, também não permite que as regras privatistas do direito civil sejam o regime aplicável.

A autoridade administrativa, por estar vinculada ao princípio da indisponibilidade do interesse público, não poderia ficar sujeita a cláusulas inalteráveis ou concessivas, como ocorre no direito privado.[96]

É sempre necessário que haja primazia do interesse público sobre o particular e haja certa precariedade no ajuste, nem sempre limitado ao princípio pacta sunt servanda, entendido pelo direito civil como uma imposição imutável para as partes.

BANDEIRA DE MELLO traz um conceito clássico de contrato privado:

> Tradicionalmente entende-se por contrato a relação jurídica formada por um acordo de vontades, em que as partes se obrigam reciprocamente a prestações concebidas como contrapostas e de tal sorte que nenhum dos contratantes pode unilateralmente alterar ou extinguir o que resulta da avença. Daí o dizer-se que o contrato é uma

---

95 CRETELLA JR., José. *Dos atos administrativos especiais*. 2ª ed. Rio de Janeiro: Forense, 1998, p. 56.
96 MELLO, Oswaldo Aranha Bandeira de. *Princípios gerais de direito administrativo*. Vol. I. Rio de Janeiro: Forense, 1969, p. 681-687.

forma de composição pacífica de interesses e que faz lei entre as partes.

Seus traços residem na **consensualidade** para a formação do vínculo e na **autoridade** de seus termos, os quais se impõem igualmente para ambos os contratantes (destaques no original).[97]

Neste tipo de contrato enquadra-se a transação, regida pelo direito privado, desprovendo a Administração do poder de império e caracterizando-se por uma relação de horizontalidade, ou seja, paridade entre direitos e obrigações.

Outro elemento básico para este tipo de contrato é a proibição de alteração unilateral sem que acarrete ônus para as partes. O contrato privado faz lei entre as partes que estão plenamente vinculadas ao seu conteúdo de autoridade.

Nos casos em que a finalidade do ajuste esteja mais perto do interesse público e da melhor gestão do interesse difuso, não se pode conceber a aplicação desta modalidade contratual, vez que a verticalidade imposta pela supremacia do interesse público deve ser característica intangível do ajustamento de conduta ambiental.

Nem as tentativas de trazer uma forma peculiar da transação conseguem sanar a falha conceitual de se identificar o ajustamento de conduta com um contrato de direito privado, pois, o que importa, não são ajustes de conceitos ou criação de novos, mas o regime jurídico aplicável. No caso da transação, o regime jurídico aplicável é o contratual privado, incompatível com a posição do Estado na proteção ambiental.

---

97 BANDEIRA DE MELLO, Celso Antonio. *Curso de direito administrativo*. São Paulo: Malheiros, 1995, p. 348.

Analisados os três enfoques trazidos pela doutrina especializada, nota-se que, à exceção de MEDAUAR[98], não se encontram posições sobre uma quarta hipótese que trate o ajustamento de conduta como contrato, porém regido pelo direito público, como se apresentam, em regra, os contratos administrativos.[99]

A Lei 8.666/93 conceitua o contrato administrativo como:

(...) todo e qualquer ajuste entre órgãos ou entidades da Administração Pública e particulares, em que haja um acordo de vontade para a formação de vínculo e a estipulação de obrigações recíprocas, seja qual for a denominação utilizada.[100]

O conceito legal amplo, ora apresentado, não ajuda a definir qual o regime jurídico aplicável ao contrato administrativo. Isto porque, é possível que a Administração contrate sob ambos os regimes: público e privado.

A Administração celebra contratos regidos pelo direito privado, agindo nas mesmas condições e regime jurídico do particular. São instrumentos que, por se relacionarem essencialmente a atividades privadas, integram grupo distinto daqueles praticados sob a égide do direito público. Exemplo dessas atividades pode ser encontrado nos §§ 1º e 2º do artigo 173 da Constituição Federal.[101]

---

98 Palestra proferida no 10º Congresso Nacional de Direito Ambiental. São Paulo. Realizado em 03 de junho de 2005.

99. Sobre a discussão acerca da existência de contratos de direito público, ver ARAÚJO, Edmir Netto de. *Contratos Administrativos*. São Paulo: RT, 1987, p. 31-39.

100 Artigo 2º, caput.

101 Referem-se ao regime privado aplicável às empresas públicas, so-

O ajustamento de conduta é sempre tomado por um órgão público, tornando-o administrativo por natureza e, analisando com maior cuidado as espécies de contrato administrativo, nota-se a divisão em: contrato administrativo atípico e contrato administrativo típico.

Neste sentido, os ensinamentos de MEIRELLES:

> A Administração pode realizar contratos sob normas predominantes do Direto Privado — e freqüentemente os realiza — em posição de igualdade com o particular contratante, como pode fazê-lo com supremacia do Poder Público. Em ambas as hipóteses haverá interesse e finalidade pública como pressupostos do contrato, mas no primeiro caso o ajuste será de natureza semipública (contrato administrativo atípico, como já o conceituou o extinto TFR), e somente no segundo haverá contrato administrativo típico.[102]

A diferença está na posição da Administração em relação ao particular. Parece que a idéia de indisponibilidade do bem ambiental, presente nas vertentes estudadas, criou uma resistência ao ajustamento de conduta como figura contratual.

Porém, trazendo ao foco o contrato administrativo típico, como instrumento com a finalidade específica de satisfação do interesse público, pode-se perceber que muitas resistências havidas em relação ao ajustamento de conduta, como modalidade contratual, perdem consistência.

---

ciedades de economia mista e outras entidades que explorem atividades econômicas, equiparando-as ao particular.
102 MEIRELLES, Hely Lopes. *Direito administrativo brasileiro*. 24ª ed. São Paulo: Malheiros, 1999, p. 195.

MEIRELLES[103] chega a citar o "contrato de colaboração" como uma modalidade de contrato administrativo típico. Este contrato se caracteriza como aquele em que o particular se obriga a prestar ou realizar algo para a Administração, bem enquadrado, a priori, na hipótese do ajustamento de conduta.

Desta forma, o principal problema em se admitir o ajustamento de conduta como contrato administrativo está na visão de que este seria sempre regido pelas normas do direito privado quando, na realidade, a regra é que os contratos administrativos típicos sejam norteados por princípios e normas de direito público protetores dos interesses indisponíveis.

ARAÚJO alerta para o fato de que os contratos de direito público merecem estudo diferenciado, sem comparação ao direito privado, por dele não derivarem.

> O que se deve, mais uma vez, deixar bem claro. Desde o início, como preceito indeclinável de toda estrutura do direito público em geral e do direito administrativo em particular, é que este último não descende do direito civil, não sendo procedente, pois, a crítica de Renard, de que o direito administrativo "nasceu" pela via da imitação das estruturas jurídicas civis.
>
> Como afirma Franco Sobrinho, "Duas premissas aqui importam: a) uma para compreender que as normas-jurídicas-civis, não obstante hajam influído na formação das normas-jurídicas-administrativas, diferenciam-se nas finalidades certas e pelos seus fins; b) outra para conhecer

---

103 Idem, p. 195.

que as normas do Código Civil referentes aos contratos não se aplicam *in genere* aos contratos administrativos porque suas cláusulas e sua execução dependem da satisfação de necessidades públicas.

Os contratos públicos possuem regime próprio e especial, porque especial é a relação entre os interesses em jogo (...)[104]

Estando a Administração ambiental, quando do ajustamento de conduta, no exercício de sua plena e típica função de Estado, a figura contratual deve ser regida pelo direito público, pelo já consagrado contrato administrativo típico.
BANDEIRA DE MELLO assim o conceitua:

(...) um tipo de avença travada entre a Administração e terceiros no qual, por força de lei, de cláusulas pactuadas ou do tipo de objeto, a permanência do vínculo e as condições preestabelecidas assujeitam-se a cambiáveis imposições de interesse público, ressalvados os interesses patrimoniais do contratante privado.[105]

São contratos firmados pela Administração nos quais se mantém a qualidade de potestade pública com suas respectivas prerrogativas. Suas características principais são: a) a Administração como parte; b) a finalidade do interesse público e; c) cláusulas exorbitantes estabelecendo a preponderância da Administração.

---

[104] ARAÚJO, Edmir Netto de. *Contratos Administrativos*. São Paulo: RT, 1987, p. 35.

[105] MELLO, Celso Antonio Bandeira de. *Curso de direito administrativo*. São Paulo: Malheiros, 1995, p. 354.

ARAÚJO complementa a idéia do contrato administrativo, dizendo:

> Em suma, o contrato administrativo exige a presença de uma pessoa jurídica de direito público (a Administração) na relação contratual, deve ter por objetivo a realização de finalidades de interesse público, sejam serviços públicos ou não, e o que o diferencia do contrato de direito privado é a posição de supremacia que o Estado assume em relação à parte contratante, que se manifesta especialmente através da inserção (explícita ou implícita), no contrato, de cláusulas exorbitantes e derrogatórias do direito comum, que não poderiam constar de um contrato privado, pois atentariam contra a ordem pública. O contrato administrativo rege-se por regime jurídico de direito administrativo.[106]

Conclui-se, com isso, que o ajustamento de conduta responde satisfatoriamente à natureza jurídica de contrato administrativo típico, resultando na avença consensual, geralmente preventiva de litígio, na qual a Administração buscará a reparação do bem ambiental lesado e a restauração do equilíbrio da qualidade de vida, observadas as peculiaridades do caso e da perícia técnica que conferirão maior ou menos grau de discricionariedade na estipulação das cláusulas obrigacionais, bem como da valoração do interesse público e sua satisfação para a propositura ou não da ação civil pública.

É o sentido que extraímos das lições de Mazzilli:

---

106 ARAÚJO, Edmir Netto de. *Contratos Administrativos*. São Paulo: RT, 1987, p. 47.

> O exame de conveniência e oportunidade em se desistir da ação em nada viola o dever de agir do Ministério Público, *que pressupõe não só a livre valoração da tutela do interesse público, como ainda, e principalmente, a valoração da justa causa para propor ou prosseguir na ação*(...)[107] (sem destaque no original)

Surge, então, as indagações: Como pode haver a preponderância da Administração nos casos em que a própria Administração é o comprometente? Gozaria a Administração de prerrogativas, ficando em posição paritária em relação ao órgão tomador?

A resposta não é tão simples porque, muitas vezes, quando o Poder Público é chamado ou propõe a regularização de suas atividades, pode estar agindo com vistas ao atendimento de interesses da sociedade, porém utilizando-se de métodos, em tese, lesivos ao meio ambiente. Ex. desmatamento para construção de escolas, hospitais, duplicação de estradas, hidrelétricas, etc.

Importante lembrar que a Administração Pública, por melhores intenções que tenha, deve sempre obedecer ao princípio da legalidade, entendido de forma mais ampla do que o mero cumprimento da lei em sentido formal. Na lição de MEDAUAR:

> Ante tal contexto, buscou-se assentar o princípio da legalidade em bases valorativas, sujeitando as atividades da Administração não somente à lei votada pelo Legislativo, mas também aos preceitos fundamentais que norteiam todo o ordenamento. A Constituição de 1988 determina que todos os entes e órgãos da Administração obedeçam

---

[107] MAZZILLI, Hugo Nigro. *A defesa dos interesses difusos em juízo.* 7ª ed. São Paulo: Saraiva, 1995, p. 322-323.

ao princípio da legalidade (caput do art. 37); a compreensão desse princípio deve abranger a observância da lei formal, votada pelo Legislativo, e também dos preceitos decorrentes de um Estado democrático de direito, que é o modo de ser do Estado brasileiro, conforme reza o art. 1º, caput da Constituição; e, ainda, deve incluir a observância dos demais fundamentos e princípios de base constitucional. Além do mais, o princípio da legalidade obriga a Administração a cumprir normas que ela própria editou.[108]

O artigo 225 da Constituição Federal consagra o direito a um meio ambiente equilibrado e atribui a todos, Estado e cidadãos, o dever de protegê-lo para as presentes e futuras gerações. Exige, ainda, o Estudo Prévio de Impacto Ambiental para as atividades potencialmente causadoras de degradação ambiental.

Neste contexto, o momento adequado para o cotejo dos interesses aparentemente antagônicos, é a fase de licenciamento ambiental, muitas vezes contando com a participação popular. Neste ambiente previsto pela lei, a Administração teria maior contato com os diversos interesses envolvidos, tentando minimizar os sacrifícios. Assim orienta MEDAUAR:

> A expressão interesse público pode ser associada a bem de toda a coletividade, à percepção geral das exigências da vida na sociedade. Esse clássico princípio rege muitos institutos e normas do direito administrativo. Mas vem sendo matizado pela idéia de que à Administração cabe realizar a ponderação dos interesses presentes numa determinada circunstância, para que não ocorra sacrifício "a prio-

---

[108] MEDAUAR, Odete. *Direito Administrativo moderno*. 2ª ed. São Paulo: RT, 1998, p. 134.

ri" de nenhum interesse; o objetivo dessa função está na busca de compatibilidade ou conciliação de interesses, com a minimização de sacrifícios. O princípio da proporcionalidade também matiza o sentido absoluto do preceito, pois implica, entre outras decorrências, a busca da providência menos gravosa, na obtenção de um resultado.[109]

A própria natureza do bem ambiental faz com que seja inserida a participação popular nesta tomada de decisão. Porém, uma vez caracterizada a lesividade ao meio ambiente e a necessidade/possibilidade do ajustamento de conduta, a verticalidade das relações no compromisso prevalecerá, em virtude da indisponibilidade e da natureza difusa do interesse a ser tutelado.

Com isso, nessa fase, seja o particular ou outro ente público como parte compromitente do ajustamento de conduta, deverá se sujeitar aos princípios contratuais públicos norteadores e protetores das características do bem ambiental que adquire status de direito humano fundamental preponderante. Nos dizeres de SALLES:

> Desta forma, no confronto com outros interesses concorrentes, o meio ambiente deve ser considerado um interesse público preponderante, que, por sua colocação no sistema constitucional e jurídico, como um todo, representa um objetivo social tido como prioritário. Em outras palavras, ele é um valor fundamental do sistema.[110]

Ressalvas quanto ao potencial lesivo ou custos sociais envolvidos poderão novamente integrar a pauta de discus-

---

109 Idem, p. 141.
110 SALLES, Carlos Alberto de. *Execução judicial em matéria ambiental.* São Paulo: RT, 1999, p. 74.

são das cláusulas e efeitos do ajustamento, observado o caso individualmente e contando-se com adequado suporte técnico e pericial.

Portanto, haverá a primazia do interesse ambiental do Estado tutor deste interesse em face do Estado empreendedor de políticas públicas diversas, ainda que o empreendimento tenha o escopo de beneficiar parcela considerável da população, posto que, com o desequilíbrio da qualidade de vida, tal empreendimento pode representar um alto e inviável custo para as gerações presente e/ou futuras.

Em suma, da análise comparativa entre os diversos posicionamentos acima explicitados, o trabalho conclui que o ajustamento de conduta assume natureza contratual, extraprocessual, surgindo a figura do contrato administrativo.

Quanto às partes que o compõem, será sempre bilateral ou plurilateral, pois, como qualquer figura contratual, sua eficácia depende da existência e anuência de duas ou mais partes envolvidas. Quanto ao conteúdo obrigacional, pouco importa se este se dá de forma bilateral ou unilateral, desde que ressalvada a supremacia do interesse público e a relação de verticalidade[111] obrigatória entre o particular e o órgão público.

Para fechar a seção e no intuito de facilitar a compreensão das hipóteses ora propostas, apresenta-se o seguinte quadro comparativo[112] das principais características de cada modalidade trazida pela doutrina anteriormente citada, em contraste com posicionamento adotado no trabalho.

---

111 O sentido de verticalidade está ligado à posição superior na qual se deve encontrar a administração dos interesses ambientais.

112 Coluna em destaque reflete o posicionamento quanto à natureza jurídica do ajustamento de conduta, adotado neste trabalho.

HIPÓTESE CONTRATUALISTA			HIPÓTESE ADMINISTRATIVISTA
Transação peculiar (contrato civil) (obrigações bilaterais)	Acordo (obrigações unilaterais)	Contrato administrativo[113] (obrigações bilaterais ou unilaterais)	Protocolo administrativo (ato administrativo bilateral)
Regime jurídico de direito privado	Regime jurídico de direito público	Regime jurídico de direito público	Mescla entre regimes público e privado
Imutabilidade das cláusulas	Precariedade em favor da Administração ambiental	Precariedade limitada (cláusulas exorbitantes)	Mutabilidade vinculada ao devido processo legal
Estipulação negocial das obrigações	Estipulação unilateral das obrigações	Pode admitir estipulação discricionária motivada	Celebração consensual
Admite comutatividade (relação paritária entre as partes)	Supremacia do interesse público	Supremacia do interesse público	Convergência de interesses
Nem sempre pressupõe litígio	Sempre pressupõe litígio	Nem sempre pressupõe litígio	Não pressupõe litígio

Em suma, a hipótese de contrato administrativo amplia o conceito para admitir a discricionariedade na fase pré-processual que, dependendo do caso, poderá afetar o próprio objeto material do ajuste, sempre como medida à otimização do atendimento ao interesse público, podendo gerar obrigações bilaterais das mais variadas e igualmente válidas perante o ordenamento.

A discussão sobre a disponibilidade do bem jurídico tutelado não aborda a questão de forma adequada, posto que a indisponibilidade é inerente à natureza do bem am-

---

113 Posição adotada no presente trabalho.

biental. A questão central está na multiplicidade de caminhos que podem ser perseguidos ao adequado atendimento do interesse público nos casos em que a atuação discricionária seria necessária até para compor o objeto do ajuste.

3.1.4 Ajustamento de conduta e acordo judicial

Como se pode perceber, toda a fundamentação acima desenvolvida, no sentido de se chegar à conclusão de que o ajustamento de conduta insere-se na categoria dos contratos administrativos típicos, pressupôs a hipótese da fase pré-processual, excluindo-se o compromisso celebrado em juízo, bem como aquele gerado pela infração administrativa, previsto na Lei 9.605/98. Este último a ser desenvolvido em item específico.

Faz-se necessário, então, proceder à análise do compromisso celebrado no curso de um processo, para averiguar se a regra contratualista administrativa pode ser confirmada e, portanto, ter as mesmas características da fase pré-processual.

A doutrina anteriormente citada, não cria distinções do ajustamento antes ou no curso do processo, admitindo a possibilidade do compromisso de ajustamento judicial.

Porém, partindo do princípio de que o acordo é a composição dos litígios pelas partes nele envolvidas[114], surge a reflexão sobre o que se pretende dizer com o termo "litígio" e se todas as ocasiões de propositura do ajustamento pressuporiam sua configuração.

---

114 AKAOUI, Fernando Reverendo Vidal. *Compromisso de ajustamento de conduta ambiental.* São Paulo: RT, 2003, p. 71.

Conceitualmente, o acordo possui natureza jurídica contratual. No entanto, das várias definições de acordo, pode-se extrair a acepção de que este pressupõe a existência de litígio que se pretende eliminar[115].

Tal finalidade nem sempre está presente nos contratos, que, muitas vezes, objetivam a prevenção do próprio conflito, estabelecendo normas a estabilizar as relações jurídicas. Contratos, portanto, podem ser vistos como formalização da composição de interesses, estejam eles em conflito ou não.

Por outro lado, o termo litígio, invocado juridicamente pela idéia do acordo em sentido estrito, parece aproximar-se do conceito de lide judicial, pois, neste caso, o acordo serviria não como mero estabilizador de relações jurídicas, mas como solucionador de controvérsia, havendo mesmo a composição do litígio, dependendo de homologação judicial para sua eficácia.

Sem fugir das características básicas, oportunamente aludidas para a hipótese do "acordo em sentido estrito", o termo "acordo"[116] deve ser contextualizado naquele havido em uma composição judicial, pressupondo interesses em conflito que se pretende conciliar.

Esta modalidade de acordo não se aplica ao compromisso firmado na fase pré-processual, porque a função precípua do ajustamento de conduta nesta fase é prevenção da lide que se formará com a futura propositura da ação civil pública, buscando, desde logo, a instrumentalização de

---

115 Acordo: eliminação de oposição ou conflito. HOUAISS. Dicionário da língua portuguesa. Disponível em "http://houaiss.uol.com.br/busca.jhtm?verbete=acordo". Acessado em 18.01.2006.
116 AKAOUI, Fernando Reverendo Vidal. *Compromisso de ajustamento de conduta ambiental*. Op. cit, p. 71.

obrigações que visem à reparação e/ou prevenção do potencial dano ambiental, estabilizando as relações entre o interessado e a Administração Pública ambiental.

Nessa linha, parece inviável, tecnicamente, supor a existência de compromisso de ajustamento de conduta no âmbito judicial.

Não há sinonímia entre o acordo judicial e o termo de ajustamento porque, além das razões acima, este foi expressamente concebido por lei, não por acaso, para ter força de título executivo extrajudicial. O acordo judicial, por seu turno, constituirá título executivo judicial depois de homologado[117].

Além disso, se fosse admitida a possibilidade de celebração de ajustamento de conduta em sede processual, até a legitimidade do instituto seria perigosamente ampliada. Conforme a hipótese, todos os legitimados para o ajuizamento da ação civil pública seriam, igualmente, potenciais tomadores de ajustamento de conduta no processo, possibilitando tal função a pessoas jurídicas de direito privado, descaracterizando a finalidade pública do instituto.

A inserção ou presunção de renúncia a direitos e/ou reconhecimento do direito em favor da Administração ambiental, autora da demanda, são requisitos adequados e necessários para a extinção do processo com resolução de mérito, com fundamento no artigo 269 do Código de Processo Civil, porém, mais próxima do reconhecimento da procedência da ação pelo réu (II) do que da transação entre as partes (III).

Ao contrário do ajustamento de conduta, próprio da fase pré-processual, o acordo judicial tem no pedido inicial

---

117 Cf. art. 475-N, III, do Código de Processo Civil (redação alterada pela Lei 11.232/2005).

da ação seus parâmetros bem definidos de cumprimento. A satisfação do pedido formulado compreende o mínimo a ser perseguido, para que haja homologação judicial apta a formar o título executivo judicial.

Por esta razão que o acordo judicial em sede de interesses difusos e coletivos se aproxima das características do já aludido acordo em sentido estrito, mais rígido quanto à fixação dos seus termos, que devem contemplar, no mínimo, a satisfação do pedido exordial da demanda em curso.[118]

Neste sentido, em favor desta posição restrita quanto à hipótese de negociação processual, a redação do artigo 331 do Código de Processo Civil que condiciona o acordo judicial às causas que admitam transação. Interpretação, porém, que vem sendo amenizada pela doutrina para permitir que na conciliação constem estipulações de prazo e formas de cumprimento da obrigação integralmente considerada, denominando tal conduta como "transação parcial".[119]

Caso ocorra uma disposição substitutiva que não contemple ou prejudique o pedido inicial da ação, o Ministério Público, se não for o autor, como fiscal da lei, possui o dever de impugnar tal medida. E, mesmo não se impugnando, surge a posição de FINK que veda ao juiz a homologação judicial deste tipo de acordo diverso do pedido inicial. Eis os fundamentos do Procurador de Justiça:

---

[118] Vale observar que, em se tratando de ação civil pública fundada em ato de improbidade administrativa (Lei 8.429/92), há previsão expressa vedando "transação, acordo ou conciliação" (§ 1º do art. 17). Deve, porém, o ajuste judicial também definir a responsabilidade pelas custas processuais e honorários advocatícios, se houver.

[119] NERY JÚNIOR, Nelson, NERY, Rosa Maria de Andrade. *Código de Processo Civil Comentado*. 7ª ed. São Paulo: RT, 2003, p. 717.

O juiz está adstrito ao pedido feito pelo autor, e o réu zelará implacavelmente para que esse pedido seja afastado e, se acolhido, nada mais seja a ele acrescentado. Então, se, no curso do processo, aparece solução alternativa do conflito, sem mácula ao interesse ambiental, ela não poderá ser acolhida pelo juiz, sob pena de decisão extra petita reformável.[120]

Considerando a peculiaridade da tutela dos interesses difusos e coletivos, a posição acima deve ser relativizada com a interpretação pro natura do artigo 475-N, III, do Código de Processo Civil. O referido dispositivo, ao considerar título judicial a sentença homologatória, ainda que a matéria não tenha sido posta em juízo, deve ser entendido de forma a permitir a homologação dos termos do acordo que superarem os constantes no pedido em favor da preservação, não como uma possibilidade de transfiguração do pleiteado.

Outro argumento a dificultar a homologação judicial de acordos que não atendam diretamente o pedido, mesmo que tenha como fundamento uma compensação ambiental, aparentemente mais eficaz, relaciona-se aos perigos decorrentes da estabilização judicial de acordos que não tiveram cognição processual adequada.

O acordo baseia-se na supressão da instrução e julgamento e, por realizar-se em função de circunstâncias que nem sempre são do controle do juízo homologatório, a tarefa de avaliar a adequação do compromisso à realidade

---

120 FINK, Daniel Roberto. Alternativa à ação civil pública ambiental (reflexões sobre as vantagens do termo de ajustamento de conduta). In: MILARÉ, Edis (coord.). *Ação Civil Pública: Lei 7.347/85 — 15 anos*. 2ª ed. São Paulo: RT, 2002, p. 135.

ambiental, muitas vezes dependente de provas técnicas, torna-se praticamente impossível.

Neste sentido, explica FISS:

> O apelo do acordo deriva, em grande parte, do fato de evitar a necessidade da instrução e julgamento do caso. O acordo deve, então, realizar-se antes da sessão de julgamento ser concluída e do juiz haver iniciado a formação dos juízos de fato e de direito. Como conseqüência, o juiz, diante de um pedido de modificação de um acordo judicial, deve retrospectivamente reconstituir a situação como se encontrava quando a transação foi concluída e decidir se as condições atuais mudaram de forma suficiente para garantir a modificação do que fora acordado.[...].
>
> Algumas vezes, o ajuste entre as partes estende-se para além dos termos do acordo homologado e inclui estipulações que envolvem juízos de fato e de direito, mas, ainda assim, não há base adequada para a efetiva atuação da jurisdição. Dado o objetivo básico do acordo — evitar instrução processual —, as assim chamadas "conclusões" e "declarações" são necessariamente produtos da negociação entre as partes, não de uma instrução processual e uma decisão independente.[121]

Com isso, o reconhecimento do pedido deve ser o mínimo necessário para o objeto de homologação judicial do acordo ambiental que poderá, aos moldes da "transação parcial", versar apenas sobre os prazos e formas de execu-

---

[121] FISS, Owen. *Um novo processo civil: estudos norte-americanos sobre Jurisdição, Constituição e sociedade*. São Paulo: RT, 2004, p. 137-138.

ção. Após esse reconhecimento, não há óbice em se ampliar a proteção do bem ambiental e levá-la, também, à homologação judicial.

O regime mais restritivo para o acordo judicial relaciona-se, também, com os efeitos jurídicos deste em comparação com o ajustamento de conduta. O primeiro, após homologação judicial, produzirá efeitos erga omnes de sentença de mérito em ação civil pública[122], ao passo que o segundo não se opera na fase judicial, possui força de título extrajudicial, cuja cognição em embargos do devedor é mais ampliada.[123]

Considerando a postura privatista trazida pelo Código de Processo Civil concernente à transação judicial, à homologação judicial do acordo e da coisa julgada, a disciplina dos interesses difusos e coletivos deve ser vista de maneira peculiar.

Desta forma, em havendo ajustamento de conduta superveniente, isto é, se for firmado com outro co-legitimado[124] público e seu objeto contemplar o pedido da ação, ou necessitar de aprofundamento cognitivo para aferir se as medidas alternativas ali dispostas são capazes de exaurir o interesse processual, esta matéria deverá ser conhecida pelo Juízo no momento da prolação da sentença, conforme o artigo 462 do Código de Processo Civil.

Depois de ouvido o Ministério Público, caso o juiz entenda que as obrigações pactuadas no ajustamento satisfazem o interesse ambiental, decreta a falta de interesse de

---

122 Cf. Artigo 267, VI, do Código de Processo Civil combinado com artigo 16 da Lei 7.347/85.

123 Cf. Artigo 741 com o artigo 745 do Código de Processo Civil.

124 Caso seja o mesmo autor da ação tratar-se-á de acordo judicial, ainda que seja denominado como ajustamento de conduta.

agir superveniente, extinguindo-se o processo sem resolução de mérito[125]. Caso contrário, retira-lhe a eficácia e prossegue no julgamento do pedido inicial.

A questão que remanesce diz respeito à possibilidade de homologação judicial de ajustamento de conduta mediante ação própria em procedimento de jurisdição voluntária.

Diante do exposto acima, parece simples concluir negativamente, pois como o ajustamento possui força de título executivo extrajudicial, o pedido judicial de sua homologação careceria de interesse. No entanto, como se verá mais adiante no estudo de caso[126], há entendimento no sentido de sua possibilidade em virtude da incerteza da força executiva do título, gerada pela discussão de veto do artigo que instituiu o compromisso de ajustamento.

A admissão dessa homologação e o trânsito em julgado acabaram por estabilizar judicialmente o ajustamento que é, por natureza, extrajudicial. No caso a ser estudado, poderá ser notado que tal entendimento acabou por impingir dificuldades processuais ao controle judicial do compromisso de ajustamento.

Pelo exposto neste trabalho, o ajustamento de conduta não seria equiparado a um acordo judicial, pois não poderia formar um título judicial a ser alcançado pela coisa julgada, dificultando o controle judicial pelos demais co-legitimados[127]. Ou se reconhece a existência do título executivo extrajudicial a decretar a falta de interesse de agir prévia ou superveniente, ou considera-o inapto para elidir a demanda e prossegue-se na resolução de mérito.

---

125 Cf. Artigo 267, VI, do Código de Processo Civil.
126 Ver Capítulo 8, abaixo.
127 Para um exemplo prático, ver item 8.4 do Capítulo 8, abaixo.

MILARÉ[128] reforça que a doutrina tem se preocupado com os efeitos da coisa julgada na homologação do acordo judicial, a reforçar o argumento acima. Evidentemente, tratando-se de fatos novos ou provas supervenientes a alterar a causa de pedir[129] e o pedido, nada impediria ação neste sentido.

---

128 MILARÉ, Edis. *Direito do ambiente*. 3ª ed. São Paulo: RT, 2004, p. 873.

129 O "fato novo" significa, para os fins deste trabalho, outra circunstância na relação jurídica de direito material não aventada, capaz de alterar a causa de pedir próxima e remota e ensejar novo pedido. Porém, se somente a causa de pedir próxima for alterada em virtude de novas constatações oriundas do mesmo fato, não haverá propriamente um fato novo, mas nova prova a possibilitar a ampliação da responsabilidade ambiental. Ex. constatação de outros danos relacionados ao mesmo ato poluidor.

4. Limites do compromisso de ajustamento de conduta

Uma vez adotada a hipótese de que o ajustamento de conduta possui natureza contratual típica administrativa e extraprocessual, é necessário tentar traçar as linhas limites de fixação quanto ao objeto do compromisso.

A partir do momento em que a Constituição Federal de 1988 inseriu no artigo 37 o princípio da eficiência[130], o Estado deixou de ter uma postura passiva como mero cumpridor de preceitos legais, para atuar positivamente no gerenciamento e implementação de certas atividades. Neste sentido, a lição de FERRAZ JR.:

"O fundamento ético dessa administração intervencionista não é mais a sittliche Gesetzmässigkeit, no sentido de

---

130 O conceito de eficiência, inserido na Constituição pela Emenda nº 19/98, não se identifica com o conceito trazido pela análise econômica do direito, cuja definição apresenta neutralidade valorativa em relação a circunstâncias exógenas ao mercado. Sobre o tema, vide SALLES, Carlos Alberto de. *Execução judicial em matéria ambiental*. Op. cit. p 117-122.

uma ética de convicção, mas a moral da conveniência e da adequação, no sentido de uma ética de resultados."[131]

Neste contexto, a busca pelo desenvolvimento sustentável impôs uma missão maior ao Poder Público que, mesmo não sendo titular exclusivo dos bens ambientais, figura como gestor de políticas participativas sustentáveis com vistas à amplitude dos diversos componentes envolvidos e à busca pela melhor solução possível a considerar alternativas e variáveis como tempo, técnica[132] e eficiência.

Desta postura do Estado surgiram novas modalidades de contratos administrativos com características próprias a dar exeqüibilidade à eficiência, como os contratos de gestão, por exemplo.[133]

Neste ponto, é importante frisar que a negociação existente no ajustamento de conduta não objetiva disponibilizar bens indisponíveis, mas aperfeiçoar as formas de reparação e/ou prevenção de danos ambientais, provavelmente reconhecidas pelo Judiciário no caso de procedência de eventual ação civil pública, ou traduzir uma base de negociação razoável para bem gerenciar a incerteza do futuro provimento.[134]

---

131 FERRAZ JR. Tércio Sampaio. Ética administrativa num país em desenvolvimento. *Caderno de Direito Constitucional e Ciência Política*, n° 22. São Paulo: Atlas, 1990, p. 38.

132 Não se trata de uma perspectiva meramente tecnocrática, pois, como resulta do princípio da gestão participativa, à Constituição interessam não apenas os meios tecnológicos de organização, mas também as condicionantes sócio-políticas em que se move a Administração Pública. Em termos de direito comparado, ver CANOTILHO, JJ Gomes; MOREIRA, Vital. *Constituição da República portuguesa anotada*. 3ª ed. Coimbra: Coimbra editora, 1993, p. 931.

133 Cf. Art. 37, § 8° da Constituição Federal.

134 Sobre a incerteza do provimento judicial, vide AKAOUI, Fernan-

Nessa tarefa, as discussões sobre o bem jurídico tutelado pelo artigo 225 da Constituição ganham vulto e se refletem em diversas direções. Os conceitos jurídicos indeterminados desse dispositivo constitucional e a real concepção de interesse público ajudam a acirrar os debates e as tendências antropocêntricas e ecocêntricas, já abordadas neste trabalho, encontrando um ambiente fértil para ampliar ou restringir rol de possibilidades interpretativas no campo da aplicação das normas ambientais dentro do cenário conflitivo social.

Para tentar compreender os mecanismos de convicção, dos quais os legitimados poderão lançar mão para o gerenciamento das expectativas e possibilidades de ajuizamento da ação civil pública, o estudo deve partir da reflexão sobre dano ambiental e reparabilidade.

4.1 A configuração do dano ambiental

As controvérsias a seguir demonstradas igualmente refletem as divergências advindas do amplo conceito de meio ambiente e poluição que permitem a direta influência do intérprete e da discricionariedade administrativa, ainda que dependentes de critérios técnicos.

---

do Reverendo Vidal. *Compromisso de Ajustamento Ambiental*. São Paulo: RT, 2003, p. 67 para quem o ajustamento de conduta *"cria a possibilidade de os órgãos públicos co-legitimados, aí incluído o Ministério Público, poderem efetivar a tutela ambiental sem terem de levar a questão ao Poder Judiciário, o que, além de evitar a demanda de tempo que isso acarreta, evita a dúvida acerca do provimento jurisdicional a ser lançado futuramente."*

Em alguns casos, ao mesmo dano poderá ser atribuído um caráter ambiental de forma a inserir em seu contexto, simultaneamente, interesses individuais homogêneos, coletivos e difusos. Em outros, tais interesses poderão ser bem definidos, excluindo-se todos aqueles que, embora produzidos por intermédio do meio ambiente, neste não possam ser incorporados por não serem diretamente relacionados ao interesse ecológico.

VIANA BANDEIRA, na indagação sobre o conteúdo do conceito "dano ambiental", entende que deveria ser considerado, por um lado, um fenômeno físico-material, por outro lado, um fato jurídico qualificado por uma norma e sua inobservância. Somente pode cogitar-se um dano se a conduta for considerada injurídica no respectivo ordenamento legal. Segundo ele, a injuridicidade decorre da violação de um interesse juridicamente protegido[135].

A posição acima reforça uma idéia específica relacionada à tipicidade fechada da conduta ilícita, atenta exclusivamente ao aspecto da legalidade.

MIRRA[136], após demonstrar a preferência de vários autores pela denominação dano ecológico, defende a utilização da expressão "dano ambiental", por englobar uma realidade mais vasta. Acredita que, ao se referir dano ecológico, estar-se-ia restringindo aos prejuízos causados ao meio natural. Reconhece, entretanto, que a vastidão do conceito

---

135 BANDEIRA, Evandro F. de Viana. O Dano Ecológico nos quadros da responsabilidade civil. In: DALLARI, Adilson A.; FIGUEIREDO, Lúcia V. (coord). *Temas de Direito Urbanístico 2*. São Paulo: RT, 1991, p. 265-268.

136 MIRRA, Álvaro Luiz Valery. *Ação civil pública e a reparação do dano ao meio ambiente*. 2ª ed. São Paulo: ed. Juarez de Oliveira, 2004, p. 89.

requer do exegeta certo esforço de interpretação, a fim de delimitá-lo corretamente, porque não se tem na política nacional do meio ambiente — Lei 6.938/81 — uma definição expressa quanto ao dano ambiental, havendo apenas quanto à degradação da qualidade ambiental (art. 3º, II), que significa a "alteração desfavorável das características do meio ambiente".

Para o magistrado, dano ambiental consiste em:

> Toda degradação do meio ambiente, incluindo aspectos naturais, culturais e artificiais que permitem e condicionam a vida, visto como bem unitário imaterial coletivo e indivisível, e dos bens ambientais e seus elementos corpóreos e incorpóreos específicos que o compõem, caracterizadora da violação do direito difuso e fundamental de todos à sadia qualidade de vida em um ambiente são e ecologicamente equilibrado.[137]

Essa linha mais ampla considera o dano como agressão a toda interdependência dos elementos ambientais capazes de provocar o desequilíbrio do sistema como um todo da qualidade de vida, prosseguindo num caráter de dano impessoal.

Em sentido diverso, MORATO LEITE entende que o dano ambiental pode ser entendido também como aquele que afete direitos individuais. Segundo o professor:

> Dano ambiental deve ser compreendido como toda lesão intolerável causada por qualquer ação humana (culposa ou não) ao meio ambiente, diretamente, como macrobem de interesse da coletividade, em uma visão totalizante, e in-

---

[137] Idem, p. 94.

diretamente, a terceiros, tendo em vista interesses próprios e individualizáveis e que refletem no macrobem.[138]

Considera, pois, os danos individuais decorrentes de dano ambiental como uma divisão indireta do próprio dano ambiental, ao contrário de MIRRA, que os compreende como danos em ricochete, de caráter privado, patrimonial e pessoal.[139]

Percebe-se que a aparentemente simples tarefa de se conceituar o dano ambiental suscita ampla discussão a exigir reflexão sobre a própria concepção de bem ambiental.

A amplitude da teoria do risco integral e da responsabilidade objetiva, não serão objetos deste trabalho, mas qualquer que seja a abordagem adotada, nenhuma delas prevê responsabilidade civil sem a efetiva caracterização do dano ou do risco de dano.

A caracterização do dano passado, presente ou futuro, bem como sua reparação, necessitam da análise pontual do caso concreto e, em sua maioria, do exercício de hermenêutica e mesmo discricionariedade técnica do tomador do ajustamento de conduta.

MEIRELLES, aliando a tipicidade do dano ao critério técnico da tolerabilidade, discorreu:

> (...) de um modo geral as concentrações populacionais, as indústrias, o comércio, os veículos, a agricultura e a pecuária produzem alterações no meio ambiente, as quais somente devem ser contidas e controladas, quando se tornam intoleráveis e prejudiciais à comunidade, caracteri-

---

138 MORATO LEITE, José Rubens. *Dano ambiental: do individual ao coletivo extrapatrimonial*. São Paulo: RT, 2000, p. 108.
139 MIRRA, Álvaro Luiz Valery. *Ação Civil Pública e a reparação do dano ao meio ambiente*. Op. cit., p. 74-88.

zando poluição reprimível. Para tanto, a necessidade da prévia fixação técnica dos índices de tolerabilidade, dos padrões admissíveis de alterabilidade de cada ambiente, para cada atividade poluidora.[140]

Essas atividades ganham maior relevância quando se estuda o elemento da tolerabilidade para a caracterização do dano ambiental. Eis os fundamentos do princípio da tolerabilidade ambiental.

4.1.1 A tolerabilidade do dano ambiental

Teoria desenvolvida como concepção do antropocentrismo mitigado, reconhece que a atuação humana com reflexos impactantes a algum elemento constitutivo do meio ambiente deve limitar-se aos níveis de tolerabilidade naturalmente suportáveis por este meio. Nos dizeres de MIRRA:

> A própria consagração da tese do denominado "desenvolvimento sustentável", na Conferência das Nações Unidas sobre Meio Ambiente e Desenvolvimento, realizada no Rio de Janeiro em 1992 — em que se estabeleceu a orientação política para os diversos países de comprometerem-se com a conservação da natureza e dos seus recursos, sem abandono, porém, da visão antropocêntrica da gestão dos ecossistemas e do meio ambiente como um todo no interesse do desenvolvimento dos povos e das populações hu-

---

140 MEIRELLES, Hely Lopes. Proteção Ambiental e Ação Civil Pública. *Revista dos Tribunais* nº 611, São Paulo: RT, 1986, p. 11.

manas —, parece afastar qualquer proposta radical de absoluta não intervenção.[141]

A idéia acima nasce da constatação, muito objetiva, de que praticamente toda atividade humana repercute sobre o meio e, de certa forma, o degrada. Se o intérprete assim considerar o dano reparável, o direito tornar-se-ia absolutamente inócuo, quer seja no aspecto da estagnação das atividades humanas, ou na ineficácia das normas jurídicas de tutela ambiental.[142]

Por esse pensamento, a atuação do direito não deve repercutir em matéria de indenização, quando a atividade exercida está circunscrita a certos limites, não configurando dano reparável, posto a inexistência de desequilíbrio do sistema.

A idéia está intimamente relacionada à visão ampla do meio ambiente como objeto de proteção jurídica. Os elementos diretamente afetados pela atividade não são individualmente considerados. Os limites são determinados de forma a não gerar o desequilíbrio, como um todo, da qualidade de vida.

O princípio da tolerabilidade traz consigo, por conseqüência, a necessidade de critérios técnicos para determinar limites peculiares a cada elemento ambiental específico. Requer, por isso, a atuação multidisciplinar para uma abordagem ampla sobre a demarcação da linha divisória entre a atividade ambientalmente tolerável e a intolerabilidade caracterizadora do dano reparável.

---

141 MIRRA, Álvaro Luiz Valery. *Ação Civil Pública e a reparação do dano ao meio ambiente*. Op. cit, p. 107.
142 Cf. CRUZ, Branca Martins da. Responsabilidade civil por dano ecológico: alguns problemas. *Revista de Direito Ambiental*, n. 5, São Paulo: RT, 1997, p. 26-27.

Consiste em determinar qual o ponto limite da resiliência do meio, a partir do qual se iniciam alterações das características naturais por força dos impactos, e que são juridicamente relevantes em termos de responsabilização.

A idéia de tolerabilidade sofre abalizada crítica[143], no sentido de que a fixação de normas e índices de emissão de poluentes, por exemplo, não considerariam aspectos de efeitos sinérgicos destes mesmos poluentes, que em contato com outras substâncias, igualmente lançadas sob padrões fixados, teriam seus efeitos potencializados, fugindo, inadvertidamente, do controle estipulado.

Ademais, a dinâmica da ciência, em suas várias disciplinas, geram instabilidade a esses padrões normativos que podem, no futuro, serem reconhecidamente inaceitáveis e geradores do direito de reparar os danos provocados.

Considerando as posições apresentadas, o sentido da legislação ambiental é de que a tolerabilidade deve ser superada para a real caracterização do dano reparável. Entretanto, diante do princípio da prevenção, que confere certa precariedade aos atos autorizadores de atividades, os padrões ambientais fixados por órgãos ambientais reguladores não têm o condão, por si só, de afastar a ocorrência de dano ou risco.

A abstração de normas não responde satisfatoriamente aos diversos aspectos que podem se relacionar com a atuação humana no meio ambiente. Somente a análise pontual e multidisciplinar do caso poderá indicar as características e dimensões da intervenção.

Pelo próprio texto inserto nas alíneas do artigo 3º, III, da Lei 6.938/81, o conceito de poluição vai muito além de mero desacordo como as normas e padrões fixados. Por

---

143 Cf. MIRRA, Álvaro Luiz Valery. *Ação Civil Pública e a reparação do dano ao meio ambiente.* Op. cit. p. 106-107.

abranger condições e situações que trazem forte grau de abstração é que, caso a caso, poderão restar ao intérprete mais de uma solução possível em termos de convencimento ou não da própria ocorrência de dano reparável, imediato ou futuro.

Neste sentido, o alerta de MORATO LEITE:

> Acrescente por último, que a constatação de dano, em muitas hipóteses, exige uma ponderação muito grande dos intérpretes do direito, pois não é em todo momento que o conhecimento científico pode oferecer subsídios de probabilidade da ocorrência deste. Lembre-se de que este limite de tolerabilidade diz também à obrigatoriedade, no que tange à verificação de observar se a lesão não afetará as gerações futuras que, por dispositivo constitucional, têm direito à preservação do meio ambiente equilibrado.[144]

A dependência de critérios técnicos, nem sempre suficientes, a interpretação de normas e peculiaridades casuais, induzem uma grande probabilidade de exercício discricionário na responsabilização ambiental, ainda que independa do elemento culpa para sua consecução.

Porém, a discricionariedade não se apresenta necessária apenas no plano da responsabilização civil.

Note-se que o Poder Público, ao emitir autorizações ambientais possui o poder-dever de exercer o juízo prévio de tolerabilidade. Os órgãos públicos responsáveis pela defesa da saúde da população e a salubridade do meio ambiente — seja a Prefeitura, o órgão ambiental do Estado ou

---

144 MORATO LEITE, José Rubens. *Dano ambiental: do individual ao coletivo extrapatrimonial.* São Paulo: RT, 2000, p. 201.

o IBAMA — produzem atos administrativos mediante subsunção do suporte fático aos conceitos das normas. A competência de declarar que há ou não um "perigo ao ambiente", um "impacto ecológico significativo", uma "degradação ambiental" ou um "risco à saúde pública" é, em primeiro momento, do Poder Executivo na sua função de aplicar a lei que, à medida de sua abstração ou enquadramento à situação fática, pode ensejar o exercício discricionário para sua adequada aplicação.[145]

Nos atos de estudo, discussão e concessão de autorização pública para a realização de uma atividade que onera os recursos naturais, os efeitos negativos sobre o meio ambiente, muitas vezes, já são previsíveis, e os futuros impactos ambientais são objeto de exercício do prévio poder administrativo. Dentro do exercício de políticas públicas, calcula-se e avalia-se a relação entre os riscos da futura oneração do meio natural provocados pela atividade e os proveitos sociais oriundos da atividade poluidora, identificando os limites de tolerabilidade para o caso concreto.

A produção de cimento, celulose, produtos químicos e petrolíferos, etc. sempre vão causar algum impacto negativo sobre o meio ambiente local ou regional. O emprego de processos e métodos da tecnologia moderna de filtragem e limpeza dos efluentes, das emanações e dos resíduos sólidos é capaz de diminuir esses efeitos, porém nunca vai eliminá-los inteiramente.

A avaliação de um Estudo de Impacto Ambiental — EIA, obrigatório para o licenciamento de determinados projetos e atividades (art. 2º da Resolução 001/86 do Con-

---

145 Sobre a necessidade de verificação de enquadramento do conceito amplo à situação fática para a aplicação da discricionariedade, ver MEDAUAR, Odete. *Direito Administrativo moderno*. 2ª ed. São Paulo: RT, 1998, p. 124-125.

selho Nacional do Meio Ambiente — CONAMA), por sua natureza, já representa um processo complexo da valoração dos potenciais efeitos negativos, colocando-os em relação direta com as vantagens do projeto ou da atividade para o meio social da região.

O seguinte exemplo contribui para esclarecer o problema. A Resolução 02/96 do CONAMA, no seu art. 1º, determina que:

> Para fazer face à reparação dos danos ambientais causados pela destruição de florestas e outros ecossistemas, o licenciamento do empreendimento de relevante impacto ambiental, assim considerado pelo órgão ambiental competente com fundamento do EIA/RIMA, terá como um dos requisitos a serem atendidos pela atividade licenciada, a implantação de uma unidade de conservação de domínio público e uso indireto.

Nestes casos, para a própria concessão da licença, os danos presumidos são compensados por medidas mitigadoras ou compensatórias que podem traduzir atos de natureza diversa da reparação integral.

Desta forma, o licenciamento desse mesmo empreendimento sofre algumas restrições indenizatórias com relação à atividade em si mesma considerada. A existência de licença para a atividade coincide com a existência de reparação prévia dos danos previstos e não pode ser desconsiderada. Existiria uma excepcional previsão legal de equivalência entre licitude e reparação, salvo quanto a danos cujo conhecimento científico não poderia ser previsto à época da licença ou danos individuais em ricochete.

Ao mesmo tempo, os próprios padrões legislativos de emissão (água, ar, solo, ruídos) elaborados por órgãos administrativos (por ex. o CONAMA) são resultados de uma avaliação e decisão técnica e política dos respectivos órgãos sobre se tais efeitos sobre o meio ambiente podem ser tolerados ou não. Enquanto o emissor fica abaixo dos limites estabelecidos, o seu comportamento é considerado tolerável face à sustentabilidade do empreendimento.

Entretanto, o licenciamento de uma atividade que causa impactos ambientais nunca seria capaz de legalizar possíveis acidentes ecológicos como vazamentos de gás ou substâncias venenosas na água, explosões, queimadas ou qualquer outro acontecimento imprevisto que prejudique os recursos naturais; esses fatos sempre são considerados lesivos, cujo risco da atividade gera o dever de indenizar, independentemente da ocorrência de caso fortuito ou força maior.

Esse mecanismo de presunção do dano e prévia obrigação compensatória já no procedimento licenciatório é possível porque, no Brasil, a Lei 6.938/81 introduziu o chamado princípio do poluidor-pagador, no qual o poluidor está obrigado a custear os ônus de suas atividades não só pela compensação dos danos, mas também considerando a prevenção e o controle da atividade.[146]

Não se deve confundir tal princípio com a idéia de que pagando, poderá poluir, mas sim, caso tenha poluído irregularmente, irá indenizar, sem prejuízo de outras sanções cabíveis.

A adoção deste mecanismo econômico pode transmitir a impressão de que o princípio do poluidor/pagador se aproxima muito da taxa pigouviana[147] da década de 20, ou seja, trata-se de uma reparação em busca do custo ótimo da poluição.

---
146 Cf. DERANI, Cristiane. *Direito ambiental econômico*. São Paulo: Max Limonad, 1997, p. 158.
147 Idem, p. 108.

Entretanto, deve se fazer um exercício de interpretação extensiva ao princípio, considerando tanto a ética ambiental, anteriormente tratada e que leva em conta aspectos da natureza que não ostentam (ao menos na atualidade) condição de fruição e valoração econômica, como o caráter intergeracional da sustentabilidade.

Significa dizer que, o princípio do poluidor/pagador deve incluir o usuário/pagador, considerando a escassez dos recursos e a preocupação com as gerações futuras, propondo-se, também, à difícil tarefa de valorar a vida e a ideal condição de bem-estar dos demais seres que habitam o meio. Em primeiro lugar, deve-se ampliar o princípio para se contemplar não só a reparação, mas a prevenção.

Assim, já alertava MACHADO:

> A reparação do dano não pode minimizar a prevenção do dano. É importante salientar esse aspecto. Há sempre o perigo de se contornar a maneira de se reparar o dano, estabelecendo-se uma liceidade para o ato poluidor, como se alguém pudesse afirmar "poluo, mas pago".[148]

Essa ampliação também é defendida por BENJAMIN:

> O princípio poluidor-pagador não é um princípio de compensação dos danos causados pela poluição. Seu alcance é mais amplo, incluídos todos os custos da proteção ambiental, quaisquer que eles sejam, abarcando, a nosso ver, os custos de prevenção, de reparação e de repressão do dano ambiental(...).[149]

---

148 MACHADO, Paulo Affonso Leme. *Direito ambiental brasileiro*. 3ª ed. São Paulo: RT, 1991, p. 191.
149 BENJAMIN, Antônio Herman V. O princípio do poluidor-pagador

A prevenção do dano envolve os custos dos estudos e levantamentos e demais medidas que forneçam à Administração informação suficiente e critérios técnicos para aferir a viabilidade ou não do empreendimento. Por tais razões, devem preceder a essas mesmas atividades.

A inclusão da prevenção, com todos os méritos de tentar criar limites seguros aos efeitos da atividade, ainda esbarra nos limites dos estudos apresentados, raramente satisfatórios numa projeção futura. Por esta razão, desenvolveu-se o princípio da precaução que, diferentemente da prevenção, não trabalha com instrumentos palpáveis e reconhece a obscuridade do futuro e possíveis danos não perceptíveis ao homem, podendo, inclusive, abranger a ética ambiental.

A precaução e a prevenção sempre correm o risco de serem associadas a uma forma de entrave ao desenvolvimento econômico, por consubstanciarem um subterfúgio para barrar determinadas atividades sem a necessidade de fundamentações tão concretas.

Contudo, ainda que se reconheça a possibilidade de barganhas políticas com fundamento numa pseudoprecaução e suas bases insólitas, os princípios têm o mérito de elevar a negociação ambiental a níveis mais relevantes, levando-se em conta gerações futuras, potencialidade de danos ainda insensíveis (Ex. antenas de celular), controle de riscos, etc. Basta dizer que é a precaução que orienta a legislação para o caráter provisório das autorizações ambientais.

Portanto, a aplicação do recurso econômico deve ser orientada pelo princípio poluidor/usuário pagador, incluin-

---

e a reparação do dano ambiental. In: BENJAMIN, Antônio Herman V. (coord.). *Dano ambiental: Prevenção, reparação e repressão*. São Paulo: RT, 1993, p. 227.

do a prevenção e precaução para a criação de uma ponte que amplie e aprimore os diálogos ambientais. Tal fato é corroborado por MARTINS:

> Estando em causa, numa apreciação correcta e previdente em relação ao futuro, investimentos de facto justificados, com um interesse económico e consequentemente de bem-estar superior aos custos ambientais, a teoria revela que a entidade poluidora deve compensar todos os que ficam prejudicados. Assim se obriga a que haja a segurança de que os benefícios sejam de facto superiores aos prejuízos, havendo ainda um ganho líquido para o investidor. Num mundo capitalista, em que as decisões económicas dependem dos custos e da rentabilidade prevista das empresas, parece lógico que os custos da prevenção e da eliminação da poluição fossem tomados em conta pelo empresário.[150]

Vê-se, assim, a finalidade de propiciar o maior panorama técnico possível ao caso, a indicar a melhor forma de se recuperar ou equilibrar o meio ambiente, considerando seus vários aspectos diretos e indiretos.

Portanto, ainda que desnecessária a culpa em termos de responsabilização ambiental objetiva e teorias do risco, o exercício de interpretação e discricionariedade administrativa ou técnica acompanha o processo decisório ambiental, desde os estudos prévios de impacto, passando pela própria caracterização do dano, culminando nos procedimentos de reparação consensual (na forma de um ajustamento de con-

---

150 MARTINS, António Carvalho. *A política de ambiente da Comunidade Económica Europeia*. Coimbra: Coimbra Editora, 1990, p. 107-108.

duta) ou litigiosa (esta última até a execução da sentença judicial)[151].

Trata-se, em última análise, de se determinar qual o caminho a ser percorrido em busca da satisfação do interesse público, dentro de um limite de razoabilidade e legalidade, tema tratado no item a seguir.

4.2 A discricionariedade administrativa no ajustamento de conduta

A possibilidade de utilização do poder discricionário em matéria de licenciamento e responsabilização ambiental, aqui exposta, deve ter seus parâmetros bem definidos e conjugar-se com a eficiência sócio-ambiental[152] de forma a reafirmar a legalidade e os princípios democráticos.

Para isso, iniciamos a compreensão do conceito e da necessidade de atuação discricionária a afastar qualquer idéia de arbitrariedade ou violação do sistema.

A primeira idéia que se deve ter da discricionariedade administrativa é que esta não se limita aos atos administrativos propriamente ditos. Embora o ato administrativo pressuponha uma manifestação de vontade do Poder Público, sua eficácia pode ser condicionada à existência de outras modalidades de ato jurídico, como, v.g., o negócio jurídico.[153]

---

151 Sobre o aumento da discricionariedade judicial na execução da sentença como fator fundamental para se alcançar os resultados pretendidos pela sociedade contemporânea. Ver: SALLES, Carlos Alberto de. *Execução judicial em matéria ambiental*. Op. cit., p. 251-254.

152 Cf. MORAES, Alexandre de. *Direito Constitucional*. 11ª ed. São Paulo: Atlas, 2002, p. 317.

153 Considerando o negocio jurídico como uma modalidade de ato

No exemplo do ajustamento de conduta, quando o Poder Público elege e insere cláusulas dentro de um instrumento contratual, está, certamente, emitindo uma manifestação de vontade, geralmente inserida dentro de procedimento interno, que pode ser considerada um ato administrativo próprio.

A diferença básica consiste nos requisitos para sua eficácia. O ato administrativo de eleição de cláusulas pelo órgão público somente tem o condão de formar o compromisso de ajustamento e expressar os motivos que levaram o Poder Público a optar por essa ou aquela alternativa. Sua eficácia, entretanto, somente vai se operar quando da celebração do instrumento contratual. A cláusula contratual não possui validade sem o consentimento final das partes signatárias, caracterizando a bilateralidade consensual.

Significa dizer que, embora a discricionariedade seja exercida em atos administrativos, geralmente resultantes de procedimento administrativo prévio, seus efeitos somente se aperfeiçoarão após a celebração contratual.

A discricionariedade nasce no momento em que o regramento jurídico não permeia todos os aspectos da atuação administrativa. Não se dissocia da lei. Ao contrário, somente tem lugar quando a própria lei deixa margem de liberdade de escolha dentre várias soluções possíveis, todas válidas perante o direito.

Ensejam decisões que envolvem critérios de mérito como oportunidade, conveniência, justiça, igualdade, interesse público e bem-estar coletivo a serem perquiridos pela autoridade competente considerando o caso concreto, não previsto detalhadamente pela lei.

---

jurídico, DINIZ, Maria Helena. *Código Civil anotado*. 3ª ed. São Paulo: Saraiva, 1997, p. 103.

Em percuciente obra, DI PIETRO[154] reconhece o caráter dinâmico da busca pelo interesse público a exigir a flexibilidade de atuação administrativa, sem desvirtuar suas funções.

A atuação administrativa não se apresenta como mero fruto de ausência de leis, mas a possibilidade de aplicação qualitativa delas. A função de custodiar o interesse público, ao invés de afastar o poder discricionário, clama por sua atuação como forma de assegurar eficácia da gestão dos interesses sociais. Segundo FIORINI:

> As faculdades discricionárias não podem ser produto de negligência legislativa, pois se apresentam como uma classe de atividade necessária para desenvolver com eficácia certas gestões onde prevalece um fim de bem-estar coletivo. Isto é o que confirmam incontestavelmente as investigações realizadas sobre as funções sociais do Estado moderno. A discricionariedade se exerce como uma atividade formalmente necessária para o desenvolvimento da administração pública; quer dizer que, se não existisse, seria impossível a plena realização dos interesses sociais.[155]

Segundo DI PIETRO[156], a discricionariedade pode ser encontrada, em regra, nas seguintes situações: a) expressamente conferida pela lei ao órgão administrativo; b) na in-

---

154 DI PIETRO, Maria Sylvia. *Discricionariedade administrativa na Constituição de 1988*. 2ª ed. São Paulo: Atlas, 2001, p. 67-68.
155 FIORINI, Bartolome A. apud DI PIETRO, Maria Sylvia. *Discricionariedade Administrativa na Constituição de 1988*. 2ª ed. São Paulo: Atlas, 2001, p. 68.
156 DI PIETRO, Maria Sylvia. *Discricionariedade Administrativa na Constituição de 1988*. Op. cit., p. 76.

suficiência da norma por ser impossível prever todas as situações supervenientes; c) a lei não determina a conduta a ser adotada pelo órgão competente, por ser impossível traçar todas as condutas diante de lesão ou ameaça de lesão à vida, à segurança pública, à saúde, ao meio ambiente e; d) a lei usa conceitos indeterminados ou, fórmulas que encerram sentido axiológico, jurídicos, tais como utilidade pública, bem comum, justiça equidade, moralidade, etc.

Um dos fundamentos da discricionariedade administrativa é a indeterminação do conceito jurídico "interesse público". DI PIETRO reforça esta idéia por considerar que a característica do conceito é a mutabilidade, que exige flexibilização. Segundo a Professora:

> Dessa característica do conceito legal indeterminado resulta outra, que é sua mutabilidade, ou seja, sua possibilidade de variar no tempo e no espaço. Basta considerar a expressão "interesse público", que corresponde a um dos princípios fundamentais do direito administrativo, para entender-se a importância do tema nesse ramo do direito, que é dos que maior flexibilidade exigem, pelo próprio fato de a função administrativa estar voltada para a consecução das necessidades coletivas, sempre variáveis. O mesmo objetivo que constitui, em dado momento, a preocupação central do poder público, pode, tempos depois, ser superado por outros cujo atendimento venha a apresentar maior grau de premência.

Quando o direito administrativo estabelece normas que impõem à Administração o dever de atender ao interesse público, ao bem comum, à conveniência do serviço e outros semelhantes, está deixando as portas abertas para a flexibilidade das decisões, em função da infinita gama de situações concretas a atender, na dinâmica sempre crescente das relações sociais que a Administração Pública tem que regular e fiscalizar.[157]

A mutabilidade de objetivos perseguidos em nome do interesse ambiental pode ser sentida, por exemplo, nas alterações introduzidas pela Medida Provisória 2.166-67/2001, que alterou as regras de intervenção em áreas de preservação permanente. Esta norma preferiu a flexibilização da integridade de determinadas áreas — antes impassíveis de intervenção — visando a objetivos de interesse social e utilidade pública.

Outro argumento que pode ser utilizado para justificar a atuação discricionária em matéria ambiental refere-se ao critério técnico multidisciplinar para a constatação do dano ou suficiência da medida reparadora.[158]

---

157 Idem, p. 98; Em sentido oposto, não admitindo discricionariedade para os conceitos jurídicos indeterminados, GRAU, Eros Roberto. *Direito, Conceitos e Normas Jurídicas*. São Paulo: Revista dos Tribunais, 1988, p. 72. Em posição intermediária adotada por este trabalho, sobre a necessidade de verificação de enquadramento do conceito amplo à situação fática para a aplicação da discricionariedade aos conceitos jurídicos indeterminados, ver MEDAUAR, Odete. *Direito Administrativo moderno*. 2ª ed. São Paulo: RT, 1998, p. 124-125.

158 Sobre a indefinição técnica, interessante a observação de Claudete M. Hahn: *"A falta de definição para o termo 'recomposição' deflagra uma armadilha pela falsa sinonímia com recuperação, restauração e reabilitação. Restauração (também denominada restabelecimento) pressupõe retorno à condição anterior à perturbação. Recuperação (também denominada regeneração lato senso) significa reparação das funções degradadas sem necessariamente retorno às condições preexistentes. Reabilitação significa reparação das principais características, sendo que o termo recomposição não encontra respaldo na literatura técnica"* In: HAHN, Claudete M. O termo de ajustamento de conduta (TAC) na Secretaria de Meio Ambiente do Estado de São Paulo (SMA). *Revista de Direito Ambiental* n. 32 — out./dez., 2003. São Paulo: RT, 2003, p. 104/122.

Não raras vezes, as perícias técnicas apresentam divergências quanto à ótica de uma mesma ocorrência ambiental, não se presumindo que os profissionais agiram de má-fé. Também é freqüente nos estudos ambientais prévios, a existência de mais de uma alternativa para a implantação do empreendimento, resultado do exercício de valoração dos impactos negativos e positivos.

Como visto anteriormente, limites de tolerabilidade podem depender, em muito, do estudo técnico das peculiaridades do caso. Por se tratar de dano ambiental, sua caracterização, dimensão e reparação podem ser tarefa árdua e que envolvam várias alternativas juridicamente viáveis.[159]

Percebe-se que o Estado encontra-se freqüentemente na posição de sopesar impactos negativos e positivos. E o legitimado que busca realmente a reparação ambiental, por meio do compromisso de ajustamento de conduta deve, também, imbuir-se nesta tarefa de gestão participativa.

Nas hipóteses em que o Poder Público deve considerar aspectos técnicos e fazer um juízo de valor quanto a critérios de política de interesse público, haverá a incidência de discricionariedade técnica e administrativa.

Segundo DI PIETRO, ao citar ALESSI, existem duas hipóteses em que os conceitos técnicos estão ligados a critérios administrativos:

> a) quando, com base em dados fornecidos por órgão técnico, a Administração deve, no caso concreto, decidir fazendo uma apreciação em consonância com critérios administrativos de oportunidade e conveniência;

---

[159] Vide item 4.1.1 do Capítulo 4.

b) quando a decisão baseia-se em critérios administrativos, embora considerando também aspectos técnicos; por outras palavras, a Administração tem que escolher os meios técnicos mais adequados para satisfazer o interesse público. Exemplo: a escolha de critérios técnicos para a construção de uma obra.[160]

Embora a questão ambiental pareça ser mais adequada à segunda situação[161], ambas apresentam uma liberdade de apreciação dos critérios técnicos em vista do interesse público.

SALLES, sensível ao problema, anotou com precisão:

A definição do interesse público, portanto, implica uma decisão estatal envolvendo um certo grau de discricionariedade, com a escolha de um entre vários interesses concorrentes. Essa tarefa, em muitas ocasiões, é realizada pelo Judiciário, como ocorre na adjudicação de interesses difusos e coletivos. O problema, no entanto, reside exatamente nos limites da discricionariedade dessa decisão, sob pena de, sem um núcleo mínimo de significado, o interesse público ter como único critério a competência da Autoridade que a proferiu. (...)

Em decisões administrativas, por exemplo, o problema da definição do interesse público é bastante evidente. Tome-se em consideração a decisão sobre o emprego de recursos na construção de uma avenida na zona sul ou uma ponte

---

160 DI PIETRO, Maria Sylvia. *Discricionariedade Administrativa na Constituição de 1988*. Op. cit., p. 113.

161 Uma decisão ambiental não pode deixar de levar em conta critérios técnicos. Pode, entretanto, atribuir-lhes concreção e significado social.

na zona norte da cidade. Embora seja justo supor que as duas obras tenham um conteúdo de interesse público, qual critério é utilizado para decidir entre a realização de uma obra e não de outra? Os moradores das duas regiões, certamente, terão opiniões opostas. Da mesma forma, possivelmente, discordariam técnicos, economistas, ambientalistas, engenheiros e advogados, segundo as várias perspectivas de análise do problema.

Na verdade, qualquer decisão social, produzida ou não através dos vários mecanismos estatais, incorpora opções por um entre vários interesses relevantes, traduzindo uma dada avaliação sobre qual deles, em uma determinada alocação de recursos públicos (bens ou serviços), melhor atende ao objetivo social que se quer alcançar por meio de determinada ação. A essência de qualquer política pública, levada adiante pelo Executivo, Legislativo ou Judiciário, é distinguir e diferenciar, realizando a distribuição dos recursos disponíveis na sociedade.[162]

Ressalte-se, contudo, que nem sempre o Poder Público encontra campo fértil de atuação discricionária. Podem existir hipóteses em que não se verifica vinculação de critérios administrativos a critérios técnicos, isto é, diante da manifestação do órgão técnico, a Administração não terá margem de liberdade para valorar em que medida está sendo afetado o interesse público.

Com a clara e abrangente manifestação técnica, o caminho a ser trilhado pelo tomador do ajustamento de conduta

---

[162] SALLES, Carlos Alberto de. Processo civil de interesse público. In: SALLES, Carlos Alberto de (coord.). *Processo Civil e Interesse Público*. São Paulo: RT: 2003, p. 59-60.

pode não admitir nenhuma outra opção. Caberá, então, a esse órgão direcionar-se nos exatos termos técnicos apresentados.

Concebe-se, portanto, a discricionariedade como um instrumento legal capaz, em muitos casos, de realizar satisfatoriamente os interesses coletivos, incluídos aqui, a caracterização dos danos e sua dimensão, bem como a satisfação corretiva e preventiva no ajustamento de conduta, considerados os critérios técnicos apresentados para o caso concreto.

4.2.1 Limites à discricionariedade

Não se pode desconhecer o exercício discricionário como uma porta aberta ao abuso e ao desvio de poder. Por isso, para que essa atividade seja realizada de forma coerente com os fins a que se destina, é importante que a ação pública seja pautada tanto pelos limites que a lei imponha de forma sistemática, como pelo princípio da razoabilidade.

Como alerta VIEIRA, a discricionariedade nesta matéria exige cautela. Explica o autor:

> É que, apesar da impossibilidade de regras prévias específicas, as condições de cumprimento da obrigação devem atender o princípio da razoabilidade, ou seja, necessitam ser condizentes com o bom senso e adequadas e suficientes para a superação, ao final, da ofensa.
>
> (...) Bem por isso, se as condições de cumprimento das obrigações ajustadas no termo de compromisso, em determinado caso, colidirem com o princípio da razoabilidade, serão ilegítimas e comprometerão a validade da tran-

sação. A circunstância de não ser possível indicar todas as estipulações razoáveis, em tese, para determinada situação de ofensa a interesses difusos não obsta que se avalie se aquelas adotadas no compromisso atendem ou não à finalidade legal.[163]

O princípio da razoabilidade pressupõe alguns requisitos à atividade discricionária:

a) proporcionalidade — que pressupõe adequação entre os meios e o fim;

b) finalidade — os resultados da atividade devem estar em consonância com os fins indicados pela lei.

Quanto à finalidade como limites ao poder discricionário, BANDEIRA DE MELLO ensina que:

> Sobremodo no Estado de Direito, repugnaria ao senso normal dos homens que a existência de discrição administrativa fosse um salvo-conduto para a Administração agir de modo incoerente, ilógico, desarrazoado e o fizesse precisamente a título de cumprir uma finalidade legal, quando — conforme se viu — a discrição representa, justamente, margem de liberdade para eleger a conduta mais clarividente, mais percuciente ante as circunstâncias concretas, de modo a satisfazer com a máxima precisão o escopo da norma que outorgou esta liberdade.[164]

---

163 VIEIRA, Fernando Grella. A transação na esfera da tutela dos interesses difusos e coletivos: compromisso de ajustamento de conduta. In: MILARÉ, Edis (coord.). *Ação Civil Pública: Lei 7.347/85 — 15 anos*. 2ª ed. São Paulo: RT, 2002, p. 280.

164 BANDEIRA DE MELLO, Celso Antônio. Legalidade, discricionariedade, seus limites e controle. *Revista de Direito Público*, n. 86, abril-junho. São Paulo: RT, 1988, p. 55-56.

A ausência de vínculo teleológico entre a atividade administrativa e o fim objetivado pela norma explicitamente ou implicitamente, leva à anulação do ato praticado por eiva de ilegalidade, manifestada pelo desvio de finalidade, forma qualificada do abuso de poder. A desproporcionalidade, ou seja, a inadequação razoável dos meios que levam ao fim desejado, igualmente não passou despercebida pelo autor:

> Também não se poderiam admitir medidas desproporcionadas em relação às circunstâncias que suscitaram o ato — e, portanto, assintônicas com o fim legal — não apenas porque conduta desproporcional é, em si mesma, comportamento desarrazoado, mas também porque representaria um extravasamento da competência.[165]

Portanto, depreende-se que o fundamento da invalidação de ato praticados nessas circunstâncias é a abusividade advinda do excesso de poder.

A detecção dos vícios de razoabilidade quase nunca se apresenta de forma explícita, dificultando o pronto controle, inclusive judicial, como será visto mais adiante. Desta forma que a obrigatoriedade da motivação para tais atos ganha relevância fundamental.

Da análise dos motivos apresentados pela autoridade pública é que poderá ser aferido o atendimento dos requisitos necessários para a confirmação da legalidade da atuação discricionária.

Com efeito, no ponto que interessa para este trabalho, é importante que a formulação das cláusulas que irão integrar o compromisso, na medida do possível, tragam consigo

---

165 Idem, p. 194.

os motivos que levaram à sua eleição, possibilitando o cotejo dos fins pretendidos com o ajuste.

Ressalte-se que, dentro do limite de razoabilidade, os legitimados devem evitar posições que extravasem ou subutilizem os recursos e a competência do órgão público. Ou seja, deve-se dar ao ajustamento de conduta ambiental sua real dimensão para não se admitir alargamento ou supressão demasiada de sua competência.

Com efeito, recomenda-se evitar a análise unissetorial do problema apresentado, sendo importante a consideração ampliada da inter-relação dos meios e interesses em jogo.

Por outro lado, não se pode fazer do ajustamento um ambiente típico de licenciamento administrativo. Primeiro, porque nem sempre a competência licenciatória está presente no órgão público tomador; segundo, porque os estudos que devem ser exigidos previamente requerem maior debate e, em muitos casos, consultas públicas, podendo arrastar o ajustamento por longo período em detrimento de urgências ambientais a serem atendidas.

Outra perspectiva para a solução do problema de se identificar o interesse público, limitando e balizando o exercício da discricionariedade, é apontado por SALLES:

> É necessária, dessa forma, a adoção de critérios substanciais para definir o interesse público, tomando-se em consideração aqueles parâmetros mínimos pelos quais a convivência social é possível em um regime de liberdade, permitindo conciliar interesses particulares, de indivíduos e grupos, com aqueles pertencentes a toda a coletividade. Na distribuição dos recursos escassos da sociedade, como os relativos ao meio ambiente, um critério desse tipo deve orientar a solução de demandas conflitantes, que os cidadãos fazem uns aos outros, não como princípio de ordem

moral adotado aprioristicamente, mas como razões estabelecidas pela concepção pública de justiça sob a qual se assentam as instituições básicas da sociedade. Não se acredita possível fornecer a priori um critério — ou relação deles — suficiente, fechado e exaustivo, mas tão-somente indicar um princípio de justiça distributiva que possa servir de base para a definição do interesse público, materializado em opções concretas de alocação de recursos sociais.

Assim, relativamente ao meio ambiente e outros bens comuns ou coletivos, esse princípio deve ser buscado na indivisibilidade característica desses bens. Essa indivisibilidade traduz um critério de justiça distributiva, segundo o qual aqueles bens necessários à sobrevivência e desenvolvimento da coletividade são alocados a todo e qualquer de seus membros, não permitindo, portanto, qualquer utilização (ou apropriação) excludente, isto é, que impeça o pleno uso por outros de seus membros. Nessa medida, o princípio básico, que deve orientar a atividade jurisdicional de proteção a bens coletivos, deve restabelecer daquela característica de indivisibilidade que os define enquanto tal.[166]

Para o exemplo ambiental, objeto do presente trabalho, o autor citado propõe a restrição da discricionariedade, excluindo as hipóteses que venham a desnaturar o meio ambiente de suas características indivisíveis.

Em qualquer hipótese, somente com a ponderação caso a caso e o exercício dialético, propiciado pela bilateralidade

---

166 SALLES, Carlos Alberto de. *Processo civil de interesse público*. Op. cit., p. 64-65.

do ajustamento de conduta, será possível identificar os diversos interesses envolvidos, a dimensão das atividades consideradas intoleráveis e os caminhos da reparação e prevenção satisfatórias, sopesando os elementos e alternativas técnicas existentes.

4.3 Sistemática da reparação ambiental: hierarquia de condutas

Desenvolvida a idéia de que o ajustamento de conduta, em muitas ocasiões, admite a atividade discricionária, sempre destinada ao melhor atendimento do interesse público, pode-se afirmar que, mesmo consideradas as peculiaridades que o caso possa apresentar, sempre é possível a estipulação de certa ordem hierárquica e sucessiva de condutas tendentes à reparação e/ou prevenção do meio ambiente.

As condutas perdem a prioridade na medida de sua impossibilidade ou inexequibilidade, mas a sucessão não pode ser submetida ao livre arbítrio da autoridade, devendo constar objetivamente os motivos de precessão.

A primeira delas a ser perseguida na ordem hierárquica é a restituição integral do dano, finalidade precípua do ajustamento de conduta, detendo primazia no compromisso.

Neste sentido, o alerta de SALLES:

> Apenas a tutela específica, consistente na reparação em espécie do dano, é capaz de restaurar a distribuição de recursos sociais existentes antes do fato lesivo, na medida em que, ao reconstituir o próprio bem coletivo, contempla todos os interesses afetados; como, por exemplo, a adoção de medidas para eliminar a emissão de poluentes, retirar do mercado um produto lesivo à saúde do consu-

midor, romper uma barreira arquitetônica impeditiva do acesso de portadores de deficiência a um edifício e outras providências dirigidas à recomposição da integridade do bem lesado. Medidas dessa natureza, embora corretivas, em princípio são capazes de gerar o devido efeito distributivo, recuperando a proporcionalidade entre os vários interesses direta ou indiretamente afetados pelo dano ambiental[167].

A determinação do significado de restituição integral in natura, embora aparentemente simples, também encontra variações interpretativas. Atribuindo-se característica mais finalística ao conceito de restituição in natura, importante as considerações de SENDIM:

> O dano deve ser considerado ressarcido, in integrum quando in casu o fim que a norma violada protege esteja de novo assegurado (ex: quando a água da chuva volte a ser salubre, quando o ar tenha qualidade adequada, quando a paisagem deixe de estar comprometida ou quando o equilíbrio ecológico esteja restabelecido). Não se trata, por isso, sublinhe-se desde já, de repor o estado material que exista antes do dano — o que seria não só impossível, mas também ambientalmente perigoso — mas sim reintegrar o estado de equilíbrio dinâmico do sistema jus ambiental.[168]

---

[167] SALLES, Carlos Alberto de. A execução específica e a ação civil pública. In: MILARÉ, Edis. *A ação civil pública após 20 anos: efetividade e desafios*. São Paulo: Ed. RT, 2005, p. 87.

[168] SENDIM, José de Souza Cunhal. *Responsabilidade civil por danos ecológicos: da reparação do dano através da restauração natural*. Coimbra: Ed. Coimbra, 1998, p. 178-179.

Entretanto, a reparação do dano ambiental com a restauração do perfeito status quo ante nem sempre pode ser alcançada. Some-se o fato de, em muitos casos, a legislação não proibir totalmente a utilização de determinados recursos, sendo certa parcela do dano tolerada pela sociedade em face da análise de custos e benefícios sociais.[169]

Frise-se que a reparação deve incidir sobre o dano e o risco juridicamente considerados como intoleráveis.

Para os casos em que a reparação in natura for tecnicamente inviável e politicamente irrazoável ou inexeqüível, a legislação prevê modalidades subsidiárias de ações ambientais como a compensação ecológica (in situ e ex situ)[170] e indenização pecuniária.

A compensação ecológica in situ compreende atos de preservação ou recuperação substitutiva de equivalente ambiental com influência direta no dano causado. Ex: reposição florestal de área inserida na mesma microbacia, de forma a proteger determinada espécie animal que ali habita.

A compensação ecológica ex situ é aplicada nos casos de inviabilidade da forma anterior e prevê a substituição por equivalente[171] com influência indireta no dano originariamente causado. Ex: Reposição florestal em outra bacia hidrográfica, mas protegendo o mesmo ecossistema, v.g., a Mata Atlântica.

Cabe ressaltar, que não é incomum ocorrer confusões entre a compensação ecológica in situ e a recuperação total ou parcial da própria área degradada. Pode haver, inclusive,

---

169 Vide item 4.1.1 do Capítulo 4.

170 Termos originais da Convenção Internacional sobre Biodiversidade, promulgada pelo Decreto 2.519 de 16.03.1998.

171 Sobre o tema ver SALLES, Carlos Alberto de. *Execução judicial em matéria ambiental*. São Paulo: RT, 1999, p. 318-322.

reparação com o plantio de espécies diferentes na mesma área. Obviamente não será integral, mas busca-se, na medida do possível, a reparação de elementos como o solo e a fauna do local degradado.

Adotando o instituto da compensação, significa que a hipótese de recuperação da área mostrou-se total ou parcialmente inviável. Ou seja, toda a compensação, diversamente da recuperação, remete-se à área diversa da degradada. A diferença se observa na influência direta ou indireta da compensação sobre a degradação.

Com efeito, na compensação in situ, as atividades de beneficiamentos influenciarão diretamente na área degradada. Ex: Distribuição de alimentos a uma comunidade de pescadores diretamente afetada com a poluição de um rio.

No caso da compensação ex situ, as atividades de beneficiamento terão ligação apenas indireta com a área afetada. São os casos, v.g., de criações ou investimentos em Unidades de Conservação fora da área de influência direta da área afetada.

Por fim, recorre-se à indenização pecuniária que é a forma derradeira e menos recomendável de se compensar o dano ambiental causado, porque apresenta problemas como a quantificação, a destinação e o gerenciamento dos valores atribuídos.

Esta é, em suma, a ordem hierárquica das medidas que se deve buscar no termo de ajustamento de conduta ambiental, adaptadas às particularidades apresentadas pelo caso concreto.

5. Ajustamento de conduta da Lei 9.605/98

A edição da Medida Provisória 1.710, de 07.08.1998 (revogada pela Medida Provisória 2.163-41, de 23.08.2001)[172] incluiu o artigo 79-A na Lei 9.605/98, permitindo que os órgãos ambientais integrantes do Sistema Nacional de Meio Ambiente — SISNAMA celebrassem "Termo de Compromisso" com pessoas físicas e jurídicas, responsáveis por atividades poluidoras, com a finalidade de ajustarem suas condutas aos termos legais.

O referido dispositivo trouxe um caráter transitório de regularização para atividades já em funcionamento anteriormente à entrada em vigor da Lei, concedendo prazo até 31 de dezembro de 1998 para que esses responsáveis protocolassem requerimento por escrito para a formalização do termo.

Esta medida transitória foi atacada por Ação Direta de Inconstitucionalidade na qual foi concedida liminar para que a norma transitória não se aplicasse às atividades que

---

172 Medida Provisória ainda em vigor porque sua edição precedeu à Emenda Constitucional 32/2001.

não existiam até a entrada em vigor da Lei 9.605/98. A ADIn ainda permanece pendente o julgamento definitivo.[173]

Não percebendo qualquer distinção do ajustamento de conduta contido nesta Lei e o previsto na Lei de ação civil pública, MILARÉ aduz que:

> De qualquer modo, essa norma não inovou em nosso ordenamento jurídico, pois, desde 1990, o compromisso de ajustamento de conduta já estava previsto no § 6º, do art. 5º da Lei 7.347/85, nela introduzido por força de determinação do art. 113 da Lei 8.078/90.[174]

Discorda-se deste posicionamento. Além das possibilidades de ajustamento previsto na Lei da Ação Civil Pública, o compromisso de ajustamento ambiental apresenta-se sob uma nova e mais ampla ótica, na medida em que se aplica o artigo 79-A da Lei 9.605/98.

A distinção sensível é a função subsidiária às sanções administrativas que o ajustamento de conduta proporciona, visando condutas de reparação civil do meio ambiente.

A Lei 9.605/98 versa sobre as infrações penais e administrativas contra o meio ambiente e se, antes, o ajustamento de conduta era um remédio para prevenir ou extinguir uma eventual ação civil pública, agora pode, além disso, apresentar-se como uma medida alternativa ao exercício do poder de polícia da Administração ambiental.

Sob este aspecto, a Administração ambiental utiliza-se do poder de polícia e da presunção de veracidade e legalidade inerente aos atos administrativos, trazendo uma ca-

---

173 ADIn — 2.083/DF, Rel. Min. Moreira Alves. Disponível em "http:// www.stf.gov.br". Acesso em 12.01.2006.
174 MILARÉ, Edis. *Direito do Ambiente*. São Paulo: RT, 2004, p. 826.

racterística bem peculiar ao uso do poder discricionário da Administração.

Tendo em vista que são consideradas infrações administrativas "toda ação ou omissão que viole as regras jurídicas de uso, gozo, promoção, proteção e recuperação do meio ambiente"[175], podemos concluir que a tipicidade da conduta é o que norteia a polícia administrativa ambiental.

Da análise dos tipos que compõem os ilícitos administrativos, passíveis de sanção, percebe-se que as condutas nem sempre pressupõem dano, bastando o perigo para haver a imputação.

Com isso, consideram-se ilícitos administrativos as condutas que seriam toleráveis ou lícitas se houvesse a devida autorização competente. Por exemplo: introduzir espécime animal no País sem parecer técnico oficial favorável e licença expedida pela autoridade competente (art. 12 Decreto Federal 3.179/99); comercializar motosserra (art. 35); explorar área de reserva legal, floresta nativa sem aprovação prévia do órgão competente (art. 38).

Portanto, assim como nem todo dano pressupõe um ilícito administrativo ou penal, o contrário também é verdadeiro, cabendo à autoridade administrativa a aplicação de sanção pecuniária (multa) que pode ser convertida por compromisso de ajustamento de conduta em obrigações de fazer ou não fazer, ocorrendo, ao final, a redução de 90% do seu valor[176].

Parece claro, nestes casos, que a natureza jurídica do compromisso não se confunde com os compromissos previstos na Lei 7.347/85. Aqui, o objeto é uma sanção prévia de forma alternativa, cujo fundamento é a justiça sanciona-

---

175 Cf. Artigo 70 da Lei 9.605/98 e artigo 1º, do Decreto Federal 3.179/99.
176 Artigo 60 do Decreto Federal 3.179/99.

tória negociada[177], introduzida no Brasil com o instituto da "transação penal", previsto no artigo 69 da Lei 9.099/95.

Tal qual no instituto penal, o autor dos fatos reconhece, de antemão, a imputação tipificada para, desde logo, aceitar a imposição de sanção menos gravosa na forma alternativa.

Neste ponto, não há qualquer exercício de discricionariedade para a autoridade que toma este compromisso, devendo se ater exatamente aos fatos imputados e, ainda, colher do imputado o reconhecimento da ocorrência da infração.

Assim é o teor do artigo 6º, da Instrução Normativa 79/2005 do IBAMA:

> O Termo de Compromisso deverá conter obrigatoriamente:
>
> (...)
>
> IV — Previsão do reconhecimento irrevogável e irretratável do interessado infrator do débito constante no Auto de Infração e do dano ambiental causado que, por força do Termo de Compromisso terá eficácia de título executivo extrajudicial.

Estando diante de um Auto de Infração Ambiental (AIA), a autoridade tomadora deve, aprioristicamente e respeitada a ampla defesa, presumir a veracidade deste documento, não cabendo, ao menos no campo do ajustamento administrativo, discussão quanto à existência da infração e do dano, se este assim constar na autuação.

---

177 Cf. GRINOVER, Ada Pellegrini. et al. *Juizados Especiais Criminais*. São Paulo: RT, 1995, p. 91.

Quando o ajustamento de conduta, previsto na Lei 9.605/98, tiver a natureza jurídica de sanção alternativa, o objetivo primário é a remoção do ilícito e do dano[178] tal qual descrito na autuação.

Sendo o ajustamento de conduta um instrumento para imposição de sanção alternativa, constituindo-se em título executivo extrajudicial, seu descumprimento não pode levar a autoridade a impor novamente a sanção administrativa pecuniária, sob pena de incorrer em bis in idem, ou seja, dupla sanção pelo mesmo fato. E, a exemplo da homologação judicial da transação criminal, prevista na Lei 9.099/95, sua natureza é de decreto condenatório impróprio[179], devendo a obrigação não cumprida ser cobrada na via executiva judicial.[180]

Há casos, entretanto, que o instrumento previsto no bojo da infração administrativa pode ter sua função ampliada para compor os danos civis, que seriam objeto de eventual ação civil pública de reparação.

Nessa função ampliada, o ajustamento de conduta administrativo pode, também, possuir características daquele previsto na Lei 7.347/85, abrindo-se possibilidade para o exercício discricionário.

Isto ocorre porque, ainda que a autoria da infração e a existência de dano sejam obrigatoriamente reconhecidas pelo interessado, quase nunca é possível ao agente fiscalizador determinar no auto de infração a exata extensão dos danos causados para fins de responsabilidade civil.

---

178 Sobre remoção do ilícito, ver MARINONI, Luiz Guilherme. *Tutela inibitória*. 2ª ed. São Paulo: RT, 2000.
179 No mesmo sentido, MIRABETE, Julio Fabrini. *Juizados especiais criminais*. 3ª ed. São Paulo: Atlas, 1998, p. 95.
180 Cf. REsp 194.637-SP, Rel. Min. José Arnaldo da Fonseca, julgado em 20.4.1999. *Informativo STJ* nº 15.

A partir do momento em que se abre a discussão sobre aspectos como a dimensão do dano e formas técnicas de reparação integral, sobre este ponto podem surgir múltiplas alternativas baseadas em critérios técnicos a ensejar a otimização pela atividade discricionária, como foi anteriormente discorrido.[181]

---

[181] Sobre discricionariedade no Ajustamento de conduta, vide item 4.2 do Capítulo 4 deste trabalho.

6. Repercussão do Compromisso de Ajustamento de Conduta nas esferas cível, administrativa e penal

A tríplice responsabilização foi prevista pelo artigo 225, § 3º, da Constituição Federal, permitindo que pelo mesmo ato lesivo ao meio ambiente possa haver responsabilidades civil, administrativa e penal, sem prejuízo umas das outras.

A independência relativa entre as esferas administrativa e criminal já foi bem desenvolvida pela doutrina[182], quando se trata da responsabilização de servidor público e da repercussão administrativa da sentença penal absolutória.

Quando se trata da repercussão do ajustamento de conduta nas várias esferas, além de levar em conta a indisponibilidade do bem jurídico e a legitimidade extraordinária do tomador, deve-se atentar para os efeitos jurídicos do compromisso.

Quanto aos efeitos internos da esfera civil, a estabilização das relações se dará de acordo e nos limites do pactua-

---

182 Cf. ARAÚJO, Edmir Netto de. *Curso de Direito Administrativo*. São Paulo: Saraiva, 2005, p. 958-969.

do. Como forma de estabilização jurídica das relações, os termos do ajustamento já cumprido não podem ser rediscutidos pelos mesmos signatários. Salvo diante de fatos novos ou provas supervenientes do mesmo fato que ensejariam investigação e responsabilização autônomas.

Assim, o ajustamento extrajudicial, contrato administrativo regrado pela Lei 7.347/85, embora permeado pela supremacia do interesse público, conferindo-lhe certa precariedade, uma vez totalmente cumprido, presumir-se-á atendido em sua finalidade.

A questão que surge diz respeito: 1) ao co-legitimado não participante do compromisso que não concorde com seus termos e pretenda desconstituí-lo, ou 2) não saiba de sua existência e ingresse com a ação civil pública.

Estas hipóteses são freqüentes em um cenário de coexistência de múltiplos interesses, ainda que a solução alternativa e consensual pelo ajustamento de conduta tenha como um de seus objetivos evitar a busca pelo Judiciário. A inafastabilidade da tutela jurisdicional é imperiosa nos casos das ações coletivas cuja representação é extraordinária.[183]

A demanda pode ser um sintoma de que o ajustamento não alocou os bens coletivos de maneira adequada visando o equilíbrio ambiental, e o Judiciário talvez seja a única opção institucional viável para solução deste conflito.[184]

No primeiro caso, deve-se ajuizar um pedido de desconstituição ou nulidade do ajustamento podendo, por

---

[183] Cf. MAZZILLI, Hugo Nigro. *A defesa dos interesses difusos em juízo: meio ambiente, consumidor e patrimônio cultural.* São Paulo: Saraiva, 1999, p. 304.

[184] Cf. SALLES, Carlos Alberto de. *Execução judicial em matéria ambiental.* São Paulo: RT, 1999, p. 101-105.

economia processual, vir acompanhado de outros contendo as obrigações a serem exigidas.

No Ministério Público de São Paulo, tem havido a orientação pela homologação de arquivamento de inquérito civil em decorrência de ajustamento firmado por outro órgão, sendo que o descumprimento do termo ensejaria eventual ação de improbidade contra o agente público tomador que teria a incumbência de fiscalizar seu cumprimento.[185]

Significa que o órgão acima citado tem reconhecido a presunção de legitimidade do compromisso firmado pelos demais co-legitimados, voltando sua atividade ao acompanhamento das condutas do tomador público.

No segundo caso, o co-legitimado não tem conhecimento da existência do compromisso de ajustamento, buscando diretamente a reparação da lesão por ele percebida. Em contestação pode-se supor que o réu apresente o ajustamento de conduta firmado como causa extintiva do direito do autor, demonstrando ao juízo que o objeto da ação foi contemplado no compromisso extraprocessual (art. 300 do CPC[186]).

Em réplica (art. 327 do CPC), o autor, ao conhecer do título, poderá: a) desistir da ação ou b) alegar vícios de adequação e legalidade. O vício de adequação compreenderia os casos em que se entenda que o compromisso não satisfez o interesse do grupo de forma adequada. O vício de legalidade demandaria uma ação declaratória incidental que surgiria ao se reputar que houve abuso ou desvio de poder na formação do título.

---

185 Cf. Súmula 30 do Conselho Superior do Ministério Público de São Paulo.

186 CPC — Código de Processo Civil.

No primeiro vício alegado, o juiz será levado ao aprofundamento cognitivo do pedido e do ajustamento de conduta para, ainda na fase postulatória, aferir aspectos como a adequação do compromisso ao pedido, podendo ou não decretar a carência da ação.

O segundo vício, referente à legalidade do ajustamento configurará uma questão prejudicial e deverá ser processado por meio de uma ação incidental a ser julgada no momento da sentença do processo principal.

A segurança jurídica contratual do ajustamento cumprido revela que o tomador, ao inserir as cláusulas no termo, está consignando que, após a análise detida de todos os componentes e interesses envolvidos, aquela medida é suficiente para a satisfação do interesse público.

Com isso, o ajuizamento de ação pelo signatário, visando rediscutir os termos do ajustamento que não traga fato novo ou prova superveniente do mesmo fato a autorizar responsabilização autônoma, certamente carecerá de uma das condições da ação, qual seja, o interesse de agir. Porém, é importante salientar que a carência da ação somente afetará aquilo que constar expressamente do termo de ajustamento, podendo a ação ser livremente intentada quanto a aspectos não pactuados.[187]

Este enfoque, porém, não é pacífico. Com referência especificamente à possibilidade de propositura da ação civil pública, será demonstrado abaixo que a doutrina se divide.

Embora com pequenas nuances entre os posicionamentos dos autores, em linhas gerais pode-se dizer que existem duas correntes, a seguir: A primeira, entende que o compromisso firmado por um dos legitimados a intentar

---

[187] Neste sentido a posição do Conselho Superior do Ministério Público de São Paulo. Ver estudo de caso, Capítulo 8 abaixo.

a ação não inibe o interesse processual dos demais co-legitimados, alheios ao ato. Logo, poderiam estes ajuizar ação civil pública com fundamento nos mesmos fatos que foram objeto do ajuste. A segunda corrente doutrinária defende que a existência do compromisso é um óbice à resolução de mérito da ação civil pública com base nos mesmos fatos, pois não haveria interesse de agir, condição da ação.

Dentro da linha da primeira corrente, Mazzilli, tomando como fundamento a indisponibilidade do direito material, entende que o compromisso teria natureza de "garantia mínima", e não limite máximo de responsabilidade, razão pela qual o compromisso firmado não seria óbice ao prosseguimento da ação civil pública com relação aos co-legitimados para a ação civil pública. Reputa o autor também que, a se entender o contrário, seria admitir que lesões a interesses metaindividuais pudessem ser subtraídas do controle jurisdicional, em violação ao art. 5º XXXV da CF/88.

Nas palavras do autor:

> Além disso, mesmo que o órgão ministerial ou outro órgão público legitimado aceite a proposta do causador do dano no sentido de reparar a lesão, ou concorde, por exemplo, com sua proposta de cessar a atividade poluidora nos prazos e condições determinadas, ainda assim, o compromisso de ajustamento não obstará o acesso à jurisdição pelos legitimamente interessados. Entender o contrário seria admitir que lesões a interesses metaindividuais pudessem ser subtraídas do controle jurisdicional, por mero ato de aquiescência administrativa de qualquer órgão público legitimado, o que nosso sistema constitucional não permite. Em suma, qualquer co-legitimado poderá discordar do compromisso e propor a ação judicial cabível.

Com efeito, se qualquer co-legitimado à ação civil pública não aceitar o compromisso de ajustamento tomado por um dos órgãos públicos legitimados, poderá desconsiderá-lo e buscar os remédios jurisdicionais cabíveis.[188]

No mesmo diapasão, Luiz Roberto Proença:

A pactuação do compromisso de ajustamento não acarreta qualquer efeito no tocante à possibilidade dos co-legitimados ajuizarem ação civil pública com fundamento exatamente nos fatos objeto do ajuste.
[...]

Aqui, regem a matéria o princípio da indisponibilidade do direito material objeto da avença e o fato de ser a legitimação para a ação civil pública concorrente e disjuntiva.
[...]

Nem mesmo o ajuizamento pelo Ministério Público de ação civil pública é vedado, não só na hipótese de verificar-se a inadimplência quanto às obrigações estipuladas no compromisso (que daria causa à execução), mas também na hipótese de passar o órgão ministerial a entendê-lo insuficiente para o cumprimento das exigências legais, ajuizando, então, ação de conhecimento.[189]

A segunda corrente, como já visto em linhas gerais, reputa que uma vez formalizado o compromisso, não poderão

---

188 MAZZILLI, Hugo Nigro. O *Inquérito Civil*. São Paulo: Saraiva, 1999, p. 313-315.
189 PROENÇA, Luiz Roberto. *Inquérito Civil. Atuação investigativa do Ministério Público a serviço da ampliação do acesso à Justiça*. São Paulo: RT, 2001, p. 138-139.

os demais co-legitimados ativos desconsiderá-lo, pois lhes faltará interesse processual (necessidade de provocar a atuação do órgão jurisdicional), condição da ação.

Assim se manifesta Fernando Grella Vieira:

> Se a norma autoriza os entes legitimados a colher o compromisso do responsável para a satisfação de todas as exigências legais necessárias à reparação do dano ou à cessação da conduta ilícita, cria uma condicionante ao exercício da ação, tanto mais porque do ajuste decorrerá relevante efeito para a tutela que é justamente o surgimento do título executivo. [...] Conferindo a lei eficácia executiva ao compromisso de ajustamento. Sendo ele celebrado, desaparece, em tese, o interesse de agir dos co-legitimados para a propositura da ação civil pública, justamente em razão da desnecessidade de se percorrer a fase de conhecimento se já se tem título hábil a amparar a execução.[190]

Uma vez celebrado o compromisso de ajustamento, tal constitui um óbice ao julgamento de mérito da ação civil pública com base nos mesmos fatos, pois deixa de existir o interesse de agir, uma das condições da ação.

A disciplina jurídica do ajustamento de conduta, inclusive pela sua natureza de título executivo extrajudicial, deve oferecer um mínimo de estabilidade e garantia ao compromissário de que se configura uma verdadeira alternativa à jurisdição. Se o autor da ofensa se submete ao

---

[190] VIEIRA, Fernando Grella, A transação na esfera da tutela dos interesses difusos e coletivos: compromisso de ajustamento de conduta. In: MILARÉ, Edis (coord.). *Ação civil pública: Lei 7.347/85 — reminiscências e reflexões após dez anos de aplicação.* São Paulo: RT, 1995, p. 235.

ajuste de conduta, sujeito ainda a cominações em caso de descumprimento da avença (multa diária), há de militar-lhe um mínimo de segurança jurídica. E essa segurança consiste exatamente em não se poder desprezar a existência do compromisso.

Ao se entender que qualquer co-legitimado, ou mesmo o próprio compromitente pode ajuizar ação civil pública com fundamento nos mesmos fatos e com pedido idêntico ao que foi objeto do compromisso, não haveria segurança jurídica e tal poderia levar inclusive à desvalorização do instituto.

Conferindo a lei eficácia executiva ao ajuste de conduta, uma vez celebrado, não há mais interesse de agir por parte dos co-legitimados na propositura da ação civil pública. Ajustada a conduta às exigências legais, desaparece o interesse jurídico em se promover a ação civil pública em relação aos mesmos fatos objeto do compromisso.

O interesse processual é justamente a utilidade que a prestação jurisdicional possa ter para a satisfação do direito.[191] É, portanto, um interesse instrumental. No caso em tela não haverá utilidade e necessidade de se movimentar a máquina jurisdicional, porque o ajuste concedeu tudo o que poderia ser obtido em juízo, levando-se em conta que se trata dos mesmos fatos e elementos considerados por ocasião da celebração do ajuste. Em sendo fatos diversos ou provas supervenientes sobre a mesma situação fática[192], nada impede que seja proposta uma ação civil pública.

---

191 Cf. SANTOS, Moacyr Amaral. *Primeiras linhas de direito processual civil*. 1º Vol., 20ª ed. São Paulo: Saraiva, 1998, p. 170.
192 A mesma situação fática (causa de pedir remota) pode apresentar novos elementos a ensejar pedidos diversos (causa de pedir próxima).

Uma vez celebrado o compromisso, surge situação jurídica nova e amparada por expressa previsão legal, isto é, o aparecimento de título executivo extrajudicial, fazendo com que deixe de existir o interesse dos co-legitimados ativos em obter o provimento jurisdicional condenatório. Em se tratando dos mesmos fundamentos contemplados no ajuste, não haveria utilidade ou necessidade no ajuizamento de ação civil pública.

Portanto, uma vez formalizado o compromisso por parte do responsável pelo dano ou conduta ilícita com um dos entes legitimados, não poderão os demais co-legitimados ativos desconsiderá-lo e buscar a tutela jurisdicional através da ação civil pública com os mesmos fundamentos, pois faltaria interesse processual, condição da ação.

Quanto aos efeitos externos, já vimos que o ajustamento de conduta firmado na sede administrativa pode ser ampliado para a composição civil dos danos ambientais, mas seus efeitos podem ou não se comunicar porque, se o ajuste for ampliado para abranger também a reparação civil, seus termos não poderão fundamentar ação civil pública do ente tomador.

Os efeitos administrativos solucionam a questão sancionatória do Estado com a remoção do ilícito, ao passo que os efeitos civis buscam a reparação do dano ou remoção do risco de dano.

Pode ocorrer, ainda, que no mesmo compromisso conste declaração do órgão público a autorizar o prosseguimento do empreendimento, caso cumpridas as adequações necessárias, mas tal medida deverá contar com a presença dos órgãos licenciadores e a existência de estudos suficientes que fundamentem a medida.

Como também já foi mencionado[193], não é recomendável que o licenciamento seja substituído pelo ajustamento

---

193 Ver item 4.2.1 acima.

de conduta porque, neste momento, busca-se a rápida caracterização do ocorrido e medidas para saná-la, não havendo espaço para discussões políticas ou eventuais audiências públicas, atinentes a um procedimento próprio de licenciamento ambiental.

O que se recomenda é que uma das providências a serem tomadas pelo compromitente, além da reparação do dano, seja a busca pelo licenciamento ambiental de sua atividade junto aos órgãos competentes, caso pretenda assim prosseguir. Desta forma, o ajustamento não substitui o licenciamento administrativo, nem suprime etapas de estudo e análise, próprias do órgão competente.

Outro efeito das inter-relações entre as esferas cível e administrativa, diz respeito à sobreposição de funções, acarretando incertezas quanto à eficácia das medidas adotadas. Pode-se imaginar um ajustamento de conduta feito junto ao Ministério Público contendo cláusulas que conflitem com a atuação de polícia do órgão fiscalizador co-legitimado.

Portanto, contanto que se possibilite a ampliação do ajustamento de conduta a fazer surgir uma área de atuação simultânea, é importante que o órgão tomador do ajuste procure, antes de formular o compromisso, certificar-se da existência de prévia atuação de outro órgão co-legitimado. Daí a possibilidade de se chamar os co-legitimados para fazerem parte do mesmo compromisso, ou limitar o ajustamento de forma a não colidir com a atuação do outro.

Definidas as repercussões entre as esferas cível e administrativa, resta saber a repercussão destas na esfera criminal.

O tema quase não possui estudos específicos e, por consubstanciar um aprofundamento nas teorias do direito penal, o problema será trazido com fulcro nas posições doutrinárias que se polarizam.

Com base na intervenção mínima do direito penal, MILARÉ[194] defende que o ajustamento de conduta celebrado no âmbito civil ou administrativo, cujo objeto visou à reparação integral do dano ou à regularização da atividade de risco, pode configurar falta de justa causa para o início da ação penal, causa extintiva de punibilidade ou, até mesmo, uma causa supra legal de exclusão da antijuridicidade.

Na primeira hipótese, que trata da falta de justa causa, haveria verdadeira mitigação ao princípio da obrigatoriedade da ação penal, fazendo com que o Ministério Público pudesse promover o arquivamento do inquérito ou deixasse de oferecer a denúncia por razões de conveniência e oportunidade, motivado objetivamente em fatos como a reparação integral do dano através de compromisso de ajustamento de conduta.

A idéia funda-se, também, na falta de interesse processual, consistente em uma das condições da ação, previstas no artigo 43, I e III do Código de Processo Penal, admitindo que o ajustamento de conduta possa contemplar o afastamento da responsabilidade penal visando ao atingimento do interesse público ambiental.

Na segunda hipótese, que trata da causa extintiva de punibilidade, reconhece a necessidade de alteração legislativa para incluir a reparação ambiental no rol, que diz ser exemplificativo, do artigo 107 do Código Penal.

Esta hipótese ampliaria os efeitos do compromisso firmado que poderia se estender no tempo em decorrência da implantação e monitoramento das medidas de recuperação.

---

194 MILARÉ, Edis. O compromisso de ajustamento de conduta e a responsabilidade penal ambiental. In: MILARÉ, Édis (coord.). *Ação Civil Pública após 20 anos: efetividade e desafios*. São Paulo: RT, 2005, p. 149-164.

Seriam os casos em que os ajustamentos de conduta teriam prazos de cumprimento que avançariam os prazos de oferecimento da denúncia. Nestes casos, haveria a suspensão da punibilidade até o cumprimento integral. Constatado este último, extinguir-se-ia a punibilidade; caso contrário, a ação prosseguiria.

Na terceira hipótese, a afastar a antijuridicidade, prega uma ampliação da interpretação para questionar se a ilicitude advém da simples desconformidade com a norma, ou se a antijuridicidade foi concretamente demonstrada com a relevância social da lesão ou ameaça de lesão.

Entende ainda o autor destacado, que o rol exemplificativo do artigo 23 do Código Penal e a dinâmica social não se fazem acompanhar das atualizações legislativas, muitas vezes considerando ilícitas e puníveis condutas socialmente adequadas.

Não se justificaria, portanto, a persecução penal se o caso concreto demonstrasse a adequação da conduta por termo de ajustamento, independentemente da tipificação penal.

Em posição oposta, AKAOUI posiciona-se pela independência total entre as três esferas de responsabilidade. Para o autor, a sanção administrativa não é afetada em nenhuma hipótese pelo ajustamento civil ou vice-versa. Bem assim, a responsabilidade penal, que goza de plena autonomia. Diz o autor:

> Outra forma de pensar levaria à absurda hipótese de o degradador ajustar-se com o órgão público legitimado e, com isso, afastar sua responsabilidade penal, p.ex., o que seria o mesmo que uma pessoa que pratica homicídio doloso ser isentada da pena em razão de ter efetuado pagamento de indenização à família da vítima. Não há o aniquilamento da justa causa para o prosseguimento da

investigação criminal ou da ação penal eventualmente já proposta.[195]

A responsabilidade criminal ambiental foi disciplinada pela Lei 9.605/98. Assim como nas infrações administrativas, nem todos os tipos penais pressupõem dano, havendo muitas figuras de crime de mera conduta ou de perigo, que independem do resultado danoso.

Sobre este aspecto, os tipos penais que descrevem apenas a conduta perigosa possuem claro caráter preventivo e a celebração de compromisso de ajustamento de conduta que afaste previamente este perigo, em tese, passaria a repercutir na própria finalidade da legislação penal.

Por outro lado, para que o ajustamento de conduta pressuponha repercussão criminal nos crimes de dano, parece necessário trilhar o caminho da perícia técnica, para determinar não só a extensão desse dano, mas também sua possível reparação integral.

Não é intenção deste trabalho ingressar na matéria penal para descobrir quais as circunstâncias que podem levar à isenção de punição criminal em virtude de compromisso de ajustamento de conduta.

Em se considerando a possibilidade de combinação da Lei 9.605/98 com a Lei 9.099/95, a grande maioria das condutas tipificadas como crime ambiental se enquadram no conceito de menor potencial ofensivo. Desta forma, o ajustamento de conduta, respeitadas as peculiaridades do caso, poderia ser aproveitado nos termos da transação penal submetida à homologação judicial.

Entretanto, permaneceriam sem solução os tipos penais não inseridos na qualidade de menor potencial ofensi-

---

[195] AKAOUI, Fernando Reverendo Vidal. *Compromisso de Ajustamento de Conduta Ambiental.* São Paulo: RT, 2003, p. 98.

vo, concursos de crimes que elevem a pena em abstrato para além dos limites da transação, bem como os impedimentos subjetivos do autor dos fatos.

De qualquer forma, a jurisprudência[196] tem reconhecido a ausência de justa causa que repercutiria em tais casos, independentemente das possibilidades para a transação penal, dando início a novas discussões na matéria.

---

196 Cf. Tribunal de Alçada Criminal de São Paulo no HC 351.992/2, julgado em 15.02.2000 e HC 409.326/4, julgado em 26.06.2002.

7. Controle jurisdicional do Compromisso de Ajustamento de Conduta

A Administração ao inserir cláusulas no compromisso, traduz verdadeiros atos administrativos que, porém, limitam-se em seus efeitos internos, contribuindo para a formação do instrumento contratual, cuja eficácia depende do consentimento da outra parte signatária.

Com efeito, pode-se dizer que todo ajustamento de conduta, mesmo sendo um contrato administrativo, possui como fundamento de controle um procedimento administrativo interno no qual se apuram as circunstâncias do caso e, por atos administrativos próprios de eficácia interna, manifesta os motivos determinantes da eleição de certas obrigações que comporão as suas cláusulas.

Ao ser levado à apreciação judicial os motivos que levaram o tomador a incluir determinadas cláusulas no compromisso, permite-se vislumbrar o caminho lógico percorrido, traçando-se uma razão entre o caso concreto e as alternativas adotadas. Por isso, o controle jurisdicional de legalidade do compromisso de ajustamento de conduta deve seguir o mesmo caminho do controle dos atos administrativos em geral.

Neste ponto, indaga-se a possibilidade de o Poder Judiciário adentrar na esfera da Administração e controlar a adequação, muitas vezes discricionária, dos atos de eleição das cláusulas contratuais que compõem o ajustamento de conduta.

MEDAUAR[197] entende haver uma gradual ampliação do controle jurisdicional dos atos administrativos, preferindo até o termo "controle jurisdicional da Administração", para abranger a apreciação jurisdicional não somente dos atos administrativos, mas também dos contratos, das atividades ou operações materiais e mesmo da omissão ou inércia da Administração. Segundo a Professora:

> Hoje, indubitavelmente, no ordenamento pátrio, a legalidade administrativa assenta em bases mais amplas e, por conseguinte, há respaldo constitucional para um controle jurisdicional mais amplo sobre a atividade da Administração, como coroamento de uma evolução já verificada na doutrina e jurisprudência antes de outubro de 1988. Significativo, nessa linha, trecho do voto do Min. Celso de Mello no MS 20.999, julgado pelo STF em 21.03.90: "É preciso evoluir cada vez mais no sentido da completa justiciabilidade de toda e qualquer atividade estatal e fortalecer o postulado da inafastabilidade de toda e qualquer fiscalização judicial. A progressiva redução e eliminação dos círculos de imunidade do poder há de gerar, como expressivo efeito conseqüencial, a interdição de seu exercício abusivo" (RDA 179-180/117, jan.-jun., 1990).

---

197 Cf. MEDAUAR, Odete. *Controle da Administração Pública*. São Paulo: RT, 1993, p. 159-160.

Evidente que a ampliação do controle jurisdicional não há de levar à substituição do administrador pelo juiz; culminará com a anulação de atos, a obrigação de fazer, a abstenção de agir, etc.[198]

Para a autora, a justiciabilidade dos princípios constitucionais abre maior margem ao controle judicial da atividade administrativa, mesmo que discricionária. Este controle seria externo, a posteriori, repressivo ou corretivo e desencadeado por provocação, circunscrevendo a atividade judicial aos termos do pedido, ao contrário da Alemanha e Suécia, que permitem ao juiz examinar todas as questões de direito suscitadas pelo caso.[199]

Portanto, nada impede que após um ajustamento firmado, o Judiciário venha, em conformidade com o artigo 5º, XXXV, da Constituição Federal de 1988, conhecer profundamente deste em ação própria, permitindo-se, inclusive, medidas de cognição sumária[200] para a preservação dos interesses envolvidos.

O campo fértil da discricionariedade na propositura de cláusulas do ajustamento de conduta se fundamenta na vasta gama de interesses envolvidos e na necessidade de otimização de políticas públicas consubstanciadas no exercício de escolha dentre várias alternativas que se apresentam em nome de valores, muitas vezes, igualmente legítimas.

---

[198] Idem, p. 174-175.
[199] Ibidem, p. 160.
[200] Referimo-nos a medidas cautelares e antecipatórias, cujo provimento não exige uma cognição mais aprofundada do juiz. Sobre cognição sumária ver WATANABE, Kazuo. *Da Cognição no Processo Civil*. 2ª ed. São Paulo: Centro Brasileiro de Estudos e Pesquisas Judiciais, 1999, p. 125-145.

A considerar o ajustamento de conduta como condutor de expressiva quantidade de medidas adotadas com base no exercício da discricionariedade administrativa, deve ser observado como se fundamenta a função jurisdicional a adentrar nesses critérios de conveniência e oportunidade, mas que nem sempre coincide com a melhor escolha ao interesse público e aos valores constitucionais ambientais.

O compromisso de ajustamento de conduta somente pode ser tomado por órgão público porque sua característica fundamental é a extrajudicialidade. Somente os entes com finalidade precípua de proteção pública dos direitos coletivos poderiam ter legitimidade para tal composição, que gozará de presunção juris tantum de veracidade e legalidade.

Entretanto, ainda que o compromisso vise à composição que evite a busca pelo Judiciário, o amplo acesso à justiça não permite que se excluam seus termos da apreciação jurisdicional. Podemos reconhecer três hipóteses básicas de controle jurisdicional do ajustamento de conduta: 1) O ajustamento se torna insuficiente diante de outros fundamentos de fato ou de direito; 2) O ajustamento é ilegal e; 3) O ajustamento foi total ou parcialmente inadimplido.

7.1 A insuficiência do ajustamento diante de novos fundamentos de fato ou de direito

Nesta primeira hipótese, surgiria no curso do cumprimento do ajustamento algum fundamento de fato ou de direito capaz de gerar situação lesiva a interesses não abrangida no compromisso, reclamando o atendimento de outras exigências, isto é, obrigações diversas ou mais onerosas do que as constantes do termo, obrigando a sua revisão.

Neste caso, o compromisso atendeu parcialmente as suas finalidades, vez que as obrigações ali previstas não eram inidôneas, mas sim incompletas. Deve-se tentar preservar o estabelecido, com a inserção de outras obrigações que cubram parte dos direitos que se vulneraram com os novos fundamentos apresentados.

O compromisso remanescerá válido quanto ao que contempla e não comportará ataques diretos, mas não impedirá o ajuizamento de ação civil pública para exigir-se do autor do dano as obrigações faltantes. O próprio tomador do compromisso não estaria impedido de promovê-la.

Essa solução decorre, basicamente, da natureza indisponível dos interesses e da precariedade[201] do instrumento em favor do meio ambiente, de tal sorte que o compromisso só será pleno e ensejará a extinção das obrigações, se restarem atendidas todas as exigências legais ao se eliminar todo o dano ou risco de dano ambiental causado, consoante o disposto no § 6º do art. 5º da Lei 7.347/85.

Nessa hipótese, ainda cabe ao legitimado público a alternativa extrajudicial de se tentar a novação do ajustamento, mesmo que as obrigações anteriores já tenham sido cumpridas ou em cumprimento, vez que o ajustamento não contemplou a proteção dos direitos lesados com essa situação superveniente. As cláusulas exorbitantes, previstas para o contrato administrativo, podem e devem prever tais situações temporais para o ajustamento de conduta, que poderá ser revisto unilateralmente após procedimento assecuratório do contraditório e da ampla defesa.

---

[201] Precariedade no sentido de não haver estabilização absoluta das relações, bem próximo ao conceito de cláusula rebus sic stantibus nos ajustamento ambientais. Fato que o diferencia do acordo judicial que pode ser alcançado pela imutabilidade da coisa julgada material. Cf. item 3.2.4, do Capítulo 3 acima.

Portanto, quando o co-legitimado não visar ao ataque do compromisso propriamente dito, reconhecendo-o viável naquilo que ajustou, mas carente de outras obrigações, e prefere (ou tem como única alternativa)[202] buscá-las pela via judicial, o juiz, ao aceitar a condição da ação (interesse), deve examinar os fundamentos de fato e direito supervenientes e a necessidade das novas obrigações.

A limitação cognitiva tem importância porque o pedido não pretende a anulação do compromisso ajustado, mas reconhecimento judicial de obrigações do compromitente, além dos termos anteriormente fixados. E o provimento somente poderia ser possível se a constatação dos novos fundamentos indicassem a necessidade de condenação.

Desta hipótese, surge a recomendação de que o objeto e obrigações do compromisso sejam bem definidos e acompanhados de motivação, a evitar situações em que sucessivas exigências sejam criadas ao argumento de que não foram contempladas para o mesmo objeto. Esta providência obrigaria a demonstração efetiva de outros fundamentos e de sua análise face ao compromisso preexistente.

7.2 A alegação de ilegalidade do compromisso

Esta segunda hipótese surge quando, sem a superveniência de outros fundamentos, as obrigações impostas e as condições do seu cumprimento se demonstrem totalmente contrárias à proteção dos interesses difusos e coletivos.

Neste caso há um vício de legalidade quanto ao objeto do ajustamento propriamente dito. Há uma frustração da

---

[202] Nos casos em que o compromitente se negue à novação do compromisso ou o autor seja um legitimado para a ação, mas não a possua para tomar o ajustamento de conduta.

finalidade visada pelos preceitos legais de proteção ao interesse público, posto que as obrigações serão inúteis à satisfação do equilíbrio ambiental. Pode ocorrer, ainda, apenas uma aparente adequação do compromisso às exigências legais.

Ainda que cumprido o compromisso, as obrigações ali acordadas afiguram-se inaptas para o atendimento do interesse lesado. Em termos práticos, o cumprimento do compromisso não acarreta a supressão do dano ou risco de dano. Mostrou-se irrazoável ou desproporcional[203], podendo apresentar abusos ou desvios de poder.

Afigura-se irrelevante, no caso, a determinação da causa geradora do vício. Para o co-legitimado, basta a demonstração da inutilidade das obrigações avençadas ou das condições do seu cumprimento para que se legitime a pretensão quanto à invalidação judicial do compromisso.

Quando houver impugnação judicial do compromisso através de ajuizamento de ação civil, há entendimento no sentido de que deverão figurar no pólo passivo o compromitente e o órgão público que o celebrou (tomador)[204] porque se houver a invalidação do ajuste as partes envolvidas terão sua esfera jurídica atingida, sendo caso, portanto, de litisconsórcio passivo necessário e unitário, tendo em vista a indivisibilidade da relação jurídica. Assim também a obrigatória presença do Ministério Público na condição de custos legis, caso não seja o autor da impugnação ou o próprio tomador do termo impugnado, ocasião na qual figuraria no pólo passivo da demanda.

---

203 Características que apontam o desvio de finalidade e o abuso de poder. Vide item 4.2.1 do Capítulo 4 acima.

204 No sentido de se incluir no pólo passivo o órgão público tomador, ver AKAOUI, Fernando Reverendo Vidal. *Compromisso de Ajustamento de Conduta Ambiental*. São Paulo: RT, 2003, p. 97.

Na hipótese ventilada acima, existe a presença do interesse de agir autorizando os co-legitimados que não participaram do compromisso anterior. Existe o entendimento de que, salvo em caso de novos ou diversos fundamentos, o próprio ente que tomou o ajustamento não poderia intentar a ação civil pública para questionar a validade do compromisso. Fundamenta-se que a conduta levaria à descrença no órgão público tomador e ao desprestígio do instituto.[205]

Cumpre salientar que não há no sistema processual qualquer restrição ao pedido de desconstituição do compromisso pelo co-legitimado não signatário, vez que o objeto fixado inicialmente para a ação civil pública ("condenação em dinheiro ou o cumprimento de obrigação de fazer ou não fazer", art. 3º, da Lei 7.347/85), foi alargado pela remissão realizada pelo art. 21 desta lei ao Código de Defesa do Consumidor, o qual, em seu art. 83, dispôs sobre a admissibilidade de todas as espécies de ações capazes de propiciar sua adequada e efetiva tutela.

Portanto, como regra geral, não poderá haver a resolução do mérito de ação civil pública intentada por outro ente co-legitimado referente aos mesmos fundamentos e com pedido idêntico às obrigações que já foram objeto do compromisso de ajustamento, sob pena de se vulnerar o princípio da segurança jurídica e por não haver in casu interesse de agir enquanto condição da ação, vez que não haveria utilidade e necessidade no provimento a ser pleiteado judicialmente. Em tal caso, em sendo ajuizada ação civil pública, a solução correta seria a extinção do processo sem resolução do mérito.[206]

---

205 Cf. Posição do Conselho Superior do Ministério Público no estudo de caso apresentado.
206 Cf. AKAOUI, Fernando Reverendo Vidal. *Compromisso de Ajustamento de Conduta Ambiental*. São Paulo: RT, 2003, p. 96-97.

Todavia, em se tratando de fundamentos diversos a alterar a causa de pedir e o pedido, poderá haver o ajuizamento de ação civil pública pelos co-legitimados, ou até mesmo por aquele que celebrou o compomisso.

Não há que se falar que a análise das condições da ação vulnera a inafastabilidade da tutela jurisdicional ou dos direitos transindividuais, vez que só ocorrerá a falta de interesse de agir quando o termo de ajustamento de conduta for válido e adequado, e esses requisitos estão intrinsecamente relacionados com a garantia do direito transindividual. O ajuste não poderá criar nenhum tipo de obstáculo para a tutela processual. As medidas de proteção coletiva não podem jamais importar em restrição de acesso à justiça. Se assim é no caso das ações coletivas, com mais razão em se tratando de uma composição extrajudicial.

Portanto, a característica básica tanto do controle de legalidade como de adequação do ajustamento de conduta consiste no fato de que, nas ações onde se pleiteia a anulação do compromisso de ajustamento de conduta, o controle judicial passa a aprofundar-se nos elementos cognoscíveis de forma a traçar uma imagem dos atos constitutivos do ajuste. Tarefa nem sempre extreme de complicações, como se verá no próximo Capítulo.

7.3 Do inadimplemento total ou parcial do ajustamento de conduta

Nesta terceira hipótese, o descumprimento do ajustamento de conduta enseja utilização da máquina estatal para que o obrigado seja compelido a satisfazer a obrigação formalizada extrajudicialmente.

Pela natureza coletiva dos interesses, tem-se entendido a possibilidade de ampliação da legitimidade. Assim, todos os legitimados à propositura da ação civil pública também o seriam para a execução judicial do título. Nos dizeres de AKAOUI:

> Abre-se, assim, o único posicionamento coerente com a tutela dos bens difusos e coletivos, a saber, a legitimidade para que qualquer um dos co-legitimados possa executar o título executivo pelo outro obtido, pois, reafirmamos, o direito ali contido não é seu, mas da coletividade, motivo pelo qual a exclusividade seria absolutamente contrária ao espírito criado pelo legislador.[207]

Quanto ao processo, as dificuldades encontradas na fase de conhecimento judicial[208], que se substituiu pela formalização do compromisso de ajustamento, retornam à execução com vistas ao resultado prático da avença. Aliás, corre-se o risco de, na oposição de embargos do devedor, a execução se tornar um processo de cognição judicial ampla, tendo em vista o disposto no artigo 745 do Código de Processo Civil.

Assim, podem surgir questões incidentais de tal forma a questionar desde a legalidade do título, passando pela sua adequação à realidade, culminando no confronto entre medidas aptas ao resultado prático pretendido pelo título.

As obrigações contidas no compromisso de ajustamento em fazer e/ou não fazer envolvem o Judiciário, mesmo na fase de execução, a dar respostas quanto à perquirição das melhores alternativas técnicas na consideração dos

---

207 AKAOUI, Fernando Reverendo Vidal. *Compromisso de Ajustamento de Conduta Ambiental.* Op. cit., p. 166.
208 Sobre as dificuldades processuais existentes nas ações ambientais SALLES, Carlos Alberto de. *Execução judicial em matéria ambiental.* Op. cit., p. 234.

múltiplos interesses envolvidos e na própria situação fática que se apresenta. Por outro lado, a fase de conhecimento não mais se limita ao plano do direito, havendo mecanismos de natureza executiva que respondem diretamente a necessidades no plano fático.[209]

Com isso, a relativização entre o processo de conhecimento e o de execução[210], consistente no fato de que o primeiro se desenvolve com vistas à otimização do segundo, pode ser traduzida também na relativização entre o compromisso de ajustamento e sua execução judicial.

Nesse sentido, ao mesmo tempo em que o juiz do processo de conhecimento enfrenta um "dilema instrumental"[211] ao declarar determinado direito influenciado com contingências de efetividade, o tomador do ajustamento de conduta também leva em conta a previsão de inadimplemento do compromisso não só para estabelecer as cláusulas penais, mas para delinear as obrigações de maneira a possibilitar a exeqüibilidade ao título.

Para minimizar a inadequação entre o direito declarado e o factível, o Código de Processo Civil[212], trouxe importantes alterações acerca da tutela específica nas obrigações de fazer e não-fazer, priorizando-a até a medida do possível.

---

209 Tome-se como exemplo as disposições do artigo 273 do CPC.

210 No sentido de que a execução coloca-se como pólo orientador do processo de conhecimento, SALLES, Carlos Alberto de. *Execução judicial em matéria ambiental*. Op. cit., p. 239 e WATANABE, Kazuo. Tutela Antecipatória e tutela específica das obrigações de fazer e não fazer. In: TEIXEIRA, Sálvio de Figueiredo (org). *Reforma do Código de Processo Civil*. São Paulo: Saraiva, 1996, p. 27-29.

211 Cf. FISS, Owen. *Um novo processo civil: estudos norte-americanos sobre Jurisdição, Constituição e sociedade*. São Paulo: RT, 2004, p. 94-104.

212 Artigo 462 c/c 632 a 645 do CPC.

Com isso abre-se maior possibilidade legal para a atuação discricionária do juiz ao determinar medidas instrumentais ou satisfativas de acordo com o caso concreto, para a concreção das obrigações pactuadas no título. Essas medidas, muito aproximadas das injunctions norte-americana redefinem o papel do Judiciário no sentido de ingressar na implementação de medidas mais adequadas ao interesse tutelado, diminuindo o espaço entre a declaração de direitos e seu efetivo exercício.[213]

Nessa linha de raciocínio e considerando a pluralidade de interesses envolvidos nas demandas coletivas, adentra-se, a seguir, no estudo dessas novas atribuições ao Poder Judiciário do Brasil para o exercício das tutelas específicas no ajustamento de conduta ambiental, partindo do modelo teórico da reforma estrutural, a seguir descrito.

7.4 A teoria da reforma estrutural aplicada ao processo coletivo brasileiro: os limites estruturais da cognição judicial do ajustamento de conduta

A solução de controvérsias envolvendo direitos coletivos no controle judicial do compromisso de ajustamento de conduta ambiental desafia o sistema processual brasileiro em suas funções.

A pluralidade de interesses envolvidos, o grau de valores em discussão e a necessidade de uma postura mais ativa do juiz em busca da efetividade de suas decisões, fizeram surgir um novo modelo de atuação judicial em função da reorganização de burocracias estatais.

---

[213] Para uma análise mais aprofundada das "injunctions" no sistema norte-americano ver SALLES, Carlos Alberto de. *Execução judicial em matéria ambiental*. Op. cit., p. 161-225.

Apresentadas por FISS, a reforma estrutural[214] concebe o processo judicial como o ambiente mais apropriado para que sejam efetivados os denominados valores constitucionais, ainda que os mesmos indiquem a necessidade de proteção a direitos contrários aos interesses da maioria.

Baseia-se no exercício do contraditório, na imparcialidade e autonomia funcional do juiz, bem como em sua aptidão presumida de busca pela justiça para atribuir ao Judiciário a qualidade necessária para a preservação dos valores mais caros da sociedade, em detrimento dos poderes majoritários (Executivo e Legislativo).

A teoria foi posta em atividade pela Suprema Corte norte-americana na década de 50, tendo seu auge na década de 60, quando o Judiciário daquele país se incumbiu de promover reestruturações de ordem burocrática e política em organizações do Estado, como escolas, prisões e hospitais, com a finalidade de adequá-las à necessidade de igualdade racial e bem-estar social. Posteriormente, no final da década de 70, a teoria enfraqueceu, dando lugar à primazia dos poderes majoritários e limitando a intervenção judicial na estrutura do Estado somente aos casos de "falhas legislativas".[215]

As referidas "falhas legislativas" eram previstas em dois exemplos da nota de rodapé nº 4 de United States vs Carolene Products Co., a saber: a) restrição ao direito de voto e a discriminação de uma minoria determinada e isolada e b) um grupo incapaz de formar coalizões e, conseqüentemen-

---

214 FISS, Owen. *Um novo processo civil: estudos norte-americanos sobre Jurisdição, Constituição e sociedade*. São Paulo: RT, 2004, p. 25-104.

215 FISS, Owen. *Um novo processo civil: estudos norte-americanos sobre Jurisdição, Constituição e sociedade*. Op. cit. p. 27-31.

te, de participar efetivamente em políticas públicas majoritárias.

A teoria das falhas legislativas é amplamente combatida por FISS porque, em sua reflexão, não consegue trazer respostas adequadas para a priorização da atuação majoritária, principalmente quando estão envolvidos valores constitucionais. Segundo o autor:

> A função do juiz é conferir significado concreto e aplicação aos valores constitucionais. Uma vez que percebemos que essa é a função judicial nos casos de reconhecida falha legislativa, somos então levados a indagar por que o desempenho dessa função está condicionado, principalmente, a tais falhas? Se o processo legislativo fosse promissor no sentido de aproximar-nos do significado dos valores constitucionais, então a teoria da falha legislativa seria receptiva a essa problemática. Porém, exatamente o oposto parece ser verdadeiro. As legislaturas são de ordem completamente diferente, não estando ideologicamente comprometidas ou institucionalmente adequadas à busca do significado de valores constitucionais, mas, ao contrário, consideram o registro das preferências reais da população — o que ela quer e acredita que deve ser feito — sua função primária. A teoria da falha legislativa, tal como a teoria da falha de mercado, tem como fundamento a declaração da supremacia das preferências da população.[216]

Para ele, ao conferir o significado concreto dos valores constitucionais envolvidos, o juiz deveria ir além da mera declaração de direitos, mas escolher dentre as alternativas, os meios que esses direitos seriam implementados. Para os

---

[216] Idem, p. 32-48.

próprios objetivos da reforma estrutural, o juiz deverá ser provocado a se pronunciar, pois, nem mesmo o modelo norte-americano tentou transformar o Judiciário em administrador público.

Muito embora não se discorde que, ao incumbir o juiz da função de intérprete e implementador de medidas a serem adotadas amplia-se sua função em busca da efetividade das normas e valores constitucionais, não passa ele a ser investido de poder hierárquico dentro das burocracias do Estado, ainda que tivesse acarretado uma ampla reforma da ordem burocrática.

Trazendo a teoria para a realidade brasileira, constatar-se-á sua viabilidade, principalmente nas reformas legislativas que visaram conferir ao juiz maior possibilidade de determinar medidas de eficácia ao processo[217]. Todavia, essa teoria resta prejudicada quando há a necessidade de se percorrer a via processual ordinária com uma cognição plena e exauriente.[218]

A reforma estrutural dentro do processo coletivo brasileiro apresenta satisfatória desenvoltura quando se trata de remédios legais ou tutelas de urgência. Embora não gozem de uma cognição plena e exauriente a conferir-lhes definitividade, as medidas vem sendo grandes aliadas à proteção dos interesses coletivos[219].

---

217 Cf. Artigos 273, 461 e 461 — A, do Código de Processo Civil.
218 Sobre os aspectos da cognição plena e exauriente, cf, WATANABE, Kazuo. *Da Cognição do Processo Civil*. São Paulo: Central de Publicações Jurídicas, 2ª ed., 1999, p. 115.
219 A respeito das obrigações instrumentais ou secundárias destinadas a criar condições para a execução da obrigação principal, cf. SALLES, Carlos Alberto de. *Execução judicial em matéria ambiental*. Op. cit., p. 298.

Embora o diálogo processual[220] seja um dos pilares de legitimidade da reforma estrutural, os remédios processuais que mitigam o contraditório, visando maior efetividade dos provimentos judiciais, não comprometem a validade da teoria.

A característica mais marcante do modelo é a capacidade de adequação das medidas judiciais às necessidades que se apresentam, fazendo com que a atividade de interpretação e implementação de valores constitucionais seja, ao final, preservada.

Porém, no exercício do contraditório amplo, a proteção de tais interesses encontra, no Brasil, um grande obstáculo de ordem estrutural e legal. Pesquisa de opinião realizada pela Universidade de Brasília entrevistou 894 Magistrados em todo o país questionando sobre suas impressões em relação ao tempo de tramitação dos processos no Poder Judiciário. A maioria deles o considera lento (78,4%), sendo que somente 1,1% considerou que a tramitação é rápida.

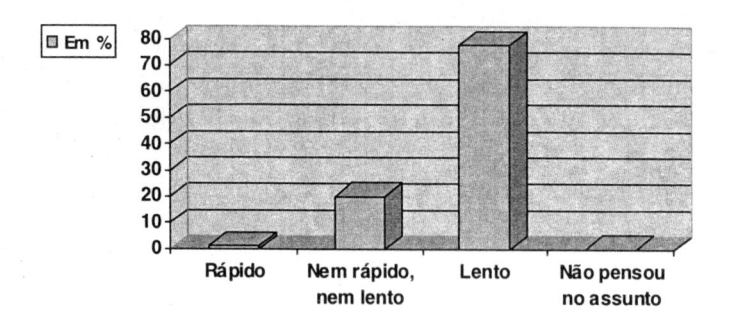

Fonte: Centro de Pesquisas de Opinião Pública da Universidade de Brasília. Disponível em http//:www.stf.gov.br/seminario/

---

220 FISS, Owen. *Um novo processo civil: estudos norte-americanos sobre Jurisdição, Constituição e sociedade.* Op. cit., p. 42.

Segundo a pesquisa, várias razões foram alegadas como causa da lentidão da tramitação dos processos. Alguns argumentaram que o tempo depende da complexidade do caso, mas grande parte apontou outros tipos de razão, de ordem burocrática e legal, como: número excessivo de processos, pequeno número de juízes, excesso de recursos e legislação que não permite solução rápida dos litígios. Além dessas, acúmulo de processos, falta de estrutura, falta de recursos humanos, financeiros e tecnológicos e baixa qualificação do pessoal de apoio, entre outras.

Quanto à opinião da população, a mesma pesquisa ouviu 1.446 pessoas em 54 Municípios de 15 unidades da Federação, nos meses de setembro e outubro de 2005. O resultado demonstra que, dentre aqueles que procuraram a Justiça ou foram acionados, 31% informaram que o processo ainda está correndo na Justiça.

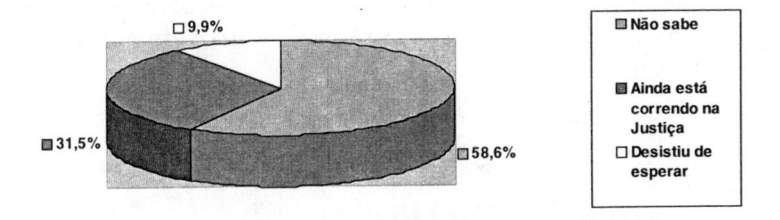

Demonstra-se que, apesar do alto índice de desconhecimento da população quanto ao processo em que figuraram como autor ou réu, indicando relevante falta de informação e comunicação entre as partes e seus advogados, grande parte não conseguiu obter a resolução judicial das questões processuais, revelando alto grau de insatisfação neste aspecto.

Este demonstrativo engloba o sistema como um todo, não havendo diferenciação quanto à natureza do litígio, se de ordem privada patrimonial ou social constitucional.

Nada obstante a relevância da reforma estrutural ao enaltecer a função judicial de implementação da ordem constitucional, o Supremo Tribunal Federal — STF, instituído com este mister, também aponta preocupação com o excesso de demandas que sobrecarrega o Poder como um todo, possuindo um sistema burocrático muito eficaz a impedir o seu acesso.

Um estudo elaborado pela Fundação Getúlio Vargas — FGV, sob encomenda da Secretaria de Reforma do Judiciário do Ministério da Justiça, demonstrou que mais da metade dos processos julgados pelo STF (56,80%) são recursos de agravo de instrumento, refletindo a eficácia do mecanismo burocrático legal na denegação de admissibilidade de recurso extraordinário pelos Tribunais locais. Vale dizer, que a função do recurso extraordinário é justamente a declaração e proteção, em última análise, dos valores constitucionais. Este estudo conclui pela necessidade de maior rigor na admissibilidade do próprio recurso de agravo de instrumento.

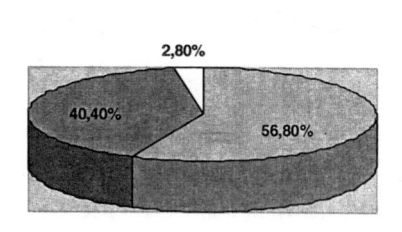

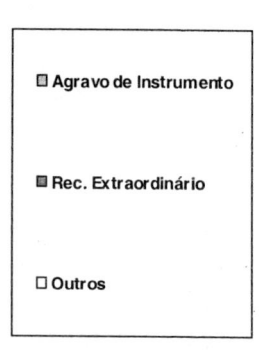

Fonte: Ministério da Justiça/ Secretaria da Reforma do Judiciário/ FGV — 2004
Disponível em: http:// www.mj.gov.br/reforma/

Neste cenário, poder-se-ia argumentar que o fundamento constitucional das medidas judiciais estruturais poderia ser ampliado, fazendo com que a cognição judicial alcançasse não só as burocracias estatais do Poder Executivo, mas, também, o próprio Poder Judiciário, que apresenta problemas de ordem estrutural. A aplicação da reforma estrutural poderia, em consonância com os valores constitucionais[221], admitir mecanismos para que o Judiciário responsabilize o Estado pela má prestação do serviço jurisdicional.

A questão acima não é recente, podendo ser extraída de decisões que remontam a década de 60, como demonstra o voto vencido do Ministro Aliomar Baleeiro no julgamento proferido pelo Supremo Tribunal Federal — STF, em Recurso Extraordinário n° 32.518, julgado em 21.06.1966:

> Dou provimento ao recurso, porque me parece subsistir, no caso, responsabilidade do Estado em não prover adequadamente o bom funcionamento da Justiça, ocasionando, por sua omissão de recursos materiais e pessoais adequados, os esforços ao pontual cumprimento dos deveres dos Juízes.[222]

Daquela época aos dias atuais a posição continua sendo minoritária. O entendimento prevalente é no sentido de

---

221 Por exemplo, o artigo 5°, LXXVIII, da Constituição Federal, inserido pela Emenda Constitucional 45/04: *"a todos, no âmbito judicial e administrativo, são assegurados a razoável duração do processo e os meios que garantam a celeridade de sua tramitação"*.
222 *Revista de Direito Administrativo*, n° 90, São Paulo: FGV, 1967, p. 141.

que as ações e omissões do Poder Judiciário somente são responsabilizadas subjetivamente, em caso de dolo específico do julgador.[223]

Além disso, mesmo que se consiga a alteração paradigmática para se admitir a responsabilização do Estado pela burocratização e demora no provimento jurisdicional, essa responsabilização não escaparia da crise de efetividade processual.

Percebe-se, com isso, a inadequação da via judicial para a resolução de controvérsias ambientais, não se limitando aos aspectos relacionados com a natureza do bem ambiental[224], apresentando, no sistema brasileiro, problemas de ordem legal referente aos vários mecanismos recursais e de ordem estrutural, contribuindo para o alongamento das controvérsias em prejuízo da tutela coletiva.

O enfoque não é diferente no caso do controle judicial dos ajustamentos de conduta ambiental, em que surge, ainda, o problema da dificuldade cognitiva do juiz ao ter que remontar todas as circunstâncias havidas à época da celebração para um controle adequado.

Neste ponto, importante as considerações de FISS ao discorrer que a resolução negociada não proporciona uma estrutura viável à reforma estrutural porque, fundamentalmente, afasta a cognição exercida na instrução e julgamen-

---

223 STF — Recurso Extraordinário nº 70.121-MG julgado em 13.10.1971.

224 Os bens coletivos em juízo apresentam, por natureza, problemas de elevados custos de litigância e diminuta parcela de interesse per capta, ocasionando uma endêmica associação entre despesas processuais e efeito carona, tornando o processo judicial coletivo inviável. Cf. KOMESAR, Neil. *Imperfect Alternatives: choosing institutions in law economics and public policy*. Chicago: The University of Chicago Press, 1994, p. 129.

to do processo judicial[225]. O acordo possui finalidade substitutiva de sentenças judiciais e, geralmente, são celebrados fora do ambiente processual. Esta estrutura dificulta ao juiz a tarefa de traçar o panorama e os contextos fáticos e sociais que influenciaram no ajuste, mormente em se tratando de matéria ambiental.

Por outro lado, a idéia da reforma estrutural no sentido da importância do juiz como sujeito imparcial voltado fundamentalmente à função de atribuir significado aos valores constitucionais e orientar sua implementação[226] não pode ser desconsiderada neste tipo de interesse em litígio.

Isto porque, exceto no caso do Ministério Público, em que a Lei da ação civil pública criou um sistema de controle administrativo do ajustamento de conduta ao condicionar sua eficácia à homologação do Conselho Superior[227], não o fez com relação aos co-legitimados, fundamentando ainda mais a importância do controle judicial deste instrumento, via de regra, carente de alternativas administrativas de revisão.

As ações executórias, por seu turno, limitam-se ao cumprimento previsto no título, não se permitindo ampliação ou redução das obrigações nele contidas, salvo no caso de aplicação de multa judicial que seguirá o regime do artigo 461 do Código de Processo Civil. A cognição pode aprofundar-se na matéria de acordo com a conduta do executado, mas não há ambiente apropriado para rediscussão acerca da adequação ou justiça do compromisso. O objetivo é a

---

[225] FISS, Owen. *Um novo processo civil: estudos norte-americanos sobre Jurisdição, Constituição e sociedade*. São Paulo: RT, 2004, p. 121-145.
[226] Idem, p. 36.
[227] Artigo 9º da Lei 7.347/85.

satisfação da obrigação em ambiente cuja cognição é rarefeita[228].

Com isso, a reforma estrutural no Brasil, em termos ambientais, deveria sofrer uma releitura de forma a conciliar a qualidade da cognição judicial com a celeridade e a consensualidade, próprias da solução alternativa de controvérsias, criando-se "mixed processes"[229], com a coexistência do sistema adjudicatório e consensual.

Ao se admitir a possibilidade de criar um ambiente pré-processual para a atuação judicial na elaboração das obrigações constantes do compromisso de ajustamento, estar-se-ia, de certa forma, aplicando a reforma estrutural, combinando a cognição judicial às necessidades que podem ser supridas com as formas alternativas de resolução de controvérsias. O controle repressivo passa a dar lugar ao controle preventivo amplo e irrestrito quanto aos aspectos intrínsecos e extrínsecos do ajustamento ambiental.

A seguir, parte-se de um modelo aproximado do denominado "case management"[230] no qual a solução alternativa de controvérsias pode ser combinada com fundamentos da reforma estrutural, aliando celeridade à qualidade de controle judicial.

---

228 Cf. WATANABE, Kazuo. *Da Cognição do Processo Civil*. 2ª ed. São Paulo: Central de Publicações Jurídicas, 1999, p. 115.

229 Cf. RISKIN, Leonard L.; WESTBROOK, James E. *Dispute and Lawyers. Abridged edition*. St. Paul: West Publishing Co., 1988, p. 156-173.

230 Cf. SALLES, Carlos Alberto de. *Mecanismos Alternativos de Solução de Controvérsia e Acesso à Justiça: a inafastabilidade da tutela jurisdicional recolocada* (no prelo).

7.5 Os modelos Júpiter, Hércules e Hermes: uma proposta de atuação judicial no ajustamento de conduta

Utilizando os modelos propostos por OST[231], passa-se à análise das possíveis atuações do juiz em comparação com a teoria da reforma estrutural anteriormente apresentada.

OST formulou modelos de postura judicial representada por figuras mitológicas gregas, personificadas nas figuras de Júpiter, Hércules e Hermes.

Júpiter significa o sagrado, transcendente. É o modelo judicial trazido pela pirâmide de Kelsen[232] que apresenta o sistema jurídico como a pirâmide normativa hierárquica, com preceitos dispostos em sobreposição, tendo por vértice uma norma fundamental.

Apresenta-se como um sistema codificado, de certa forma estático, cuja positivação legislativa, ou seja, a criação de normas, requer um exercício prospectivo de evento que possa vir a criar uma desestabilização social. Traduz o ideal surgido do liberalismo e da legalidade estrita dos poderes do Estado, tendo como característica principal, a previsibilidade da atuação estatal padronizando as decisões, posto que a validade e aplicabilidade de determinada norma independe das circunstâncias de fato.

Hércules volta-se para a terra e para o poder central do homem. Traz a idéia do Estado assistencialista, centrado na atuação judicial forte e ampla em busca da efetividade na solução dos diversos problemas sociais, considerando os fatos e a realidade apresentada. Possui uma característica menos garantista dos direitos individuais positivados em lei, vez que podem ser desconsiderados em face de outro

---

231 OST, François. *Júpiter, Hércules, Hermes: Três modelos de juez.* Madrid: DOXA nº 14, 1993, p. 169-194.
232 Idem, p. 173.

interesse julgado mais relevante pelo juiz. Os conflitos de interesses terminam com a prevalência de uns sobre outros, dependendo de seu valor na escala constitucional.

Grosso modo, pode-se dizer que este modelo aproxima-se da teoria da reforma estrutural de FISS, que prega a prevalência dos valores constitucionais, mesmo que venha de encontro com o desejo da maioria ou de direitos individuais.

Perfilando os modelos Júpiter e Hércules, percebe-se que o primeiro ocupa-se em legitimar o produto de suas decisões, com base na própria lógica de seu sistema, não havendo relevância quanto à legitimidade que o originou, tampouco quanto aos resultados de sua aplicação. O segundo modelo, volta-se para a realidade social e nela se inspira. Ocupa-se na efetividade de sua atuação e atribui maiores poderes discricionários ao juiz em favor de uma resposta judicial mais adequada aos valores superiores da sociedade. Ambos são, evidentemente, extremos opostos que não compartilham dos mesmos conceitos de legalidade, legitimidade e efetividade.

Em relevante trabalho, OST demonstra que, diante da dinâmica social, os modelos radicais têm se flexibilizado até o ponto de poderem, verdadeiramente, constituir um novo modelo intermediário denominado Hermes — deus grego da comunicação, da circulação e da intermediação.

Neste novo modelo, o juiz acompanha a dinâmica social e, ao mesmo tempo em que garante direitos fundamentais de participação ampla, trata com os envolvidos de forma a viabilizar um jogo de negociações com resultados positivos, ou seja, ganhos mútuos.

O juiz no modelo Hermes não abandona por completo as características dos dois extremos, Júpiter e Hércules. Apenas articula-se entre elas na medida da sua atuação na denominada "rede jurídica". Assim se expressa o autor:

Se verá entonces que el sentido producido dentro de la red no es totalmente imprevisible, porque siempre hay textos a interpretar; se verá igualmente que las relaciones de fuerza que ahí se desarrollan no son totalmente aleatorias, porque también permanecem jerarquías, especialmente institucionales. Esta interpretación puede ser inventiva, del mismo modo que estas jerarquías pueden ser enmarañadas.[233]

Retornando para as práticas do ajustamento de conduta brasileiro, nota-se que os acordos firmados repousam no ideal liberal da não-intervenção ou inércia judicial, estando o juiz adstrito ao sistema codificado cuja atuação limita-se a aspectos de cognição a posteriori, mediante provocação.

No entanto, o modelo Hermes poderia ser adotado na condução da negociação com a instituição de ambiente de rede, trazendo as bases do ajustamento ao gerenciamento prévio do juiz que atuará na fixação dos valores envolvidos sem, no entanto, estar vinculado ao processo de instrução e julgamento, propriamente dito.

Na prática, é possível uma atuação judicial muito ativa na fase da conciliação, promovendo verdadeiros ambientes de negociação envolvendo sujeitos exógenos ao processo judicial, como setores assistenciais do Poder Público, Ministério Público, associações de moradores, polícias, etc.

Se o modelo Hermes fosse adotado, a meta do jogo seria a composição do acordo, mas traria um grande diferencial em relação aos que são celebrados atualmente: haveria a possibilidade de gravitação do juiz entre o sistema legal, utilizando-se, por exemplo, de suas funções institucionais para a busca da efetividade, podendo considerar

---

[233] OST, François. *Júpiter, Hércules, Hermes: Três modelos de juez*. Madrid: DOXA nº 14, 1993, p. 182-183.

fatores como o tempo, exeqüibilidade, possibilidades econômicas, valores constitucionais, representatividade, etc.

Haveria um novo modo de condução de negociação ambiental no âmbito judicial, pois afastaríamos os aspectos negativos da privatização da jurisdição, evitando-se que os acordos chegassem ao juiz depois de já celebrados, permitindo-se uma atuação mais efetiva de controle e justiça distributiva.

Por outro lado, evita-se a fuga deliberada do sistema jurídico que pudesse acarretar medidas excessivamente aproximadas do modelo Hércules, mais flexível quanto às liberdades individuais, bem como induziríamos uma maior probabilidade de cumprimento voluntário, encerrando-se um ciclo de novas buscas ao Judiciário pelo descumprimento do avençado.[234]

Finalmente, ainda que o papel do juiz seja o de equilibrar a sub-representatividade existentes nas relações envolvendo interesses difusos, é preciso frisar que, quanto maior a participação dos grupos de interesse no ambiente conciliatório, menor a probabilidade de novos questionamentos ou obstaculizações temporais danosas ao bem ambiental.

Fazendo a conjugação das formas de cognição, das bases da reforma estrutural e dos modelos de atuação judicial, torna-se possível observar com maior nitidez os desafios processuais que devem ser enfrentados na otimização dos ajustamentos de conduta, especialmente os relacionados com matéria ambiental.

A teoria da reforma estrutural assemelha-se ao modelo Hércules, no que tange à ampliação dos braços do juiz para que este se torne verdadeiro engenheiro social. Entretanto,

---

[234] FISS, Owen. *Um novo processo civil: estudos norte-americanos sobre Jurisdição, Constituição e sociedade*. Op. cit., p. 134-139.

distingem-se na medida em que a reforma estrutural tem como imprescindível o contraditório e um ambiente processual que contemple ampla cognição judicial[235], talvez não tão essenciais no modelo Hércules.

Por outro lado, o modelo liberal representado por Júpiter apresenta, na esfera da cognição judicial, um papel muito passivo do Judiciário que, em nome da liberdade de convenção, da segurança jurídica e da previsibilidade não avança os limites do sistema.

Numa primeira visão, em face da crise do processo civil e da necessidade de tratamento célere aos interesses difusos, crescem os adeptos da corrente defensora das ADR's, do afastamento judicial e da composição privatista das controvérsias.[236]

Ocorre que a sub-representatividade desses interesses, aliada à descrença generalizada nas instituições representativas da sociedade, em especial as de cunho majoritário, faz surgir ou agrava problemas como a ausência de representatividade adequada ou consentimento legítimo dos titulares do direito em jogo.

Apesar disso, o modelo de Hermes apresenta-se como uma alternativa interessante, permitindo uma mobilidade das características da atuação judicial ora mais próxima à Júpiter, ora à Hércules, sempre num ambiente de negociação com amplo acesso às informações e inter-relações dos sujeitos envolvidos.

Na realidade, percebe-se que o modelo Hermes é o resultado da flexibilização social dos demais modelos, em princípio extremados, que num certo momento se coincidem num ponto intermediário.

---

235 Idem, p. 42, referindo-se à necessidade do *"dialogue"* processual.
236 Cf. Capítulo I, deste trabalho.

No sentido de possibilitar a incursão judicial mais aprofundada do caso em que busca a conciliação, talvez haja a necessidade de que o juiz adote uma posição mais próxima ao modelo Hermes, já no início do litígio, ou seja, no início das tratativas negociais, exercendo certo poder decisório nos pontos de formação da controvérsia.

Parece que devem ser evitadas situações nas quais o juiz se encontre na iminência de homologar ou não um acordo ambiental preestabelecido, pois, caso tenha que interferir neste momento, enfrentará sérios problemas de adequada cognição[237] ou poderá, ainda, tornar-se um obstaculizador da tutela célere do meio ambiente.[238]

Adotando postura conciliatória no início do conflito, o juiz aproveitaria os benefícios da solução consensual, minimizando os efeitos negativos do afastamento da tutela judicial na fase negocial. Da mesma forma, não haveria a necessidade de coerção, muitas vezes inócua e desnecessária.

Dessa forma, o Judiciário poderia acompanhar e promover um debate mais abrangente e proteger interesses sub-representados, conferindo-se maior legitimidade ao tão polêmico resultado negocial.

O modelo não está isento de patologias. Ao admitir a atividade judicial nas tratativas iniciais, deve-se questionar até que profundidade este pode ir quanto ao debate prévio da causa. A questão tem fundamento na medida em que se considere o mesmo juiz como mediador e julgador dos casos que prosseguirão na Corte.

Haveria certo constrangimento ou até mesmo riscos à imparcialidade do julgador que pode, na fase conciliatória,

---

237 Cf. item 7.5 acima.
238 Caso opte por percorrer a via da instrução e julgamento.

apresentar claros sinais de suas tendências, inibindo a parte de continuar no pleito.[239]

Por outro lado, a mediação feita por um órgão desprovido de poderes decisórios e das garantias inerentes ao juiz pode desguarnecer a adequada valoração dos preceitos constitucionais.

Em face desse dilema, o Judiciário Federal norte-americano apresenta um sistema burocrático interessante ao prever a figura dos pretores "magistrate" ou "subjuízes"[240], que possuem formação jurídica e certa responsabilidade decisória, podendo ser figuras adequadas na condução de negociação dentro do sistema judiciário.

Neste sentido, haveria uma flexibilidade de atuação, apta a propiciar um determinado distanciamento do processo que não julgariam no futuro e, ao mesmo tempo, conferir ao "subjuiz" certo poder decisório dentro do contexto negocial que presida.

---

239 Cf. SALLES, Carlos Alberto de. *Mecanismos Alternativos de Solução de Controvérsia e Acesso à Justiça: a inafastabilidade da tutela jurisdicional recolocada* (no prelo).

240 Cf. FISS, Owen. *Um novo processo civil: estudos norte-americanos sobre Jurisdição, Constituição e sociedade*. Op. cit., p. 169-173.

8. Estudo de Caso

No intuito de dar uma dimensão concreta às questões propostas no presente trabalho, será apresentado um estudo de caso que, embora não contenha uma decisão definitiva até a data de fechamento desta obra, envolve, na prática, diversos pontos anteriormente tratados neste trabalho.

Ainda que seja um conflito travado na esfera judicial, o caso permite o acesso a posicionamentos do Ministério Público de São Paulo quanto a aspectos do compromisso de ajustamento de conduta como a natureza jurídica, limites e controle jurisdicional.

A pesquisa consistiu em visitas regulares ao Foro da Comarca de Guarujá, com o exame dos autos em cartório.[241]

---

241 Processo nº 64/98 — 3ª Vara Cível de Guarujá: Ação de homologação judicial de acordo ambiental. Autor: Iporanga Empreendimentos Imobiliários e Construção Ltda., Iporanga Incorporação e Comércio Ltda. e Invicta Empreendimentos e Participações Ltda. Réu: Ministério Público do Estado de São Paulo.

8.1 O caso do compromisso de ajustamento de conduta entre empreendedores do loteamento Iporanga e Ministério Público — Guarujá/SP: apresentação do problema

O Ministério Público instaurou procedimento investigatório para apurar irregularidades no Loteamento denominado Iporanga, localizado na Serra do Guararu, Município de Guarujá — Estado de São Paulo.

Este Loteamento foi registrado em 1983, sendo que até 31 de julho de 1997 (data da celebração do ajustamento de conduta) encontrava-se parcialmente implantado e seus lotes parcialmente alienados, restando do projeto original lotes implantados a vender, bem como lotes e sistema viário a serem implantados.

Com a implantação do empreendimento, este sofreu diversos embargos administrativos pelo Departamento Estadual de Proteção aos Recursos Naturais — DEPRN, à luz do superveniente aperfeiçoamento da legislação ambiental, posto se tratar de área totalmente inserida nos domínios da Mata Atlântica, em morro e abrigando exemplares florestais em estágios primário, médio e avançado de regeneração. Existe, ainda, notícia de tombamento da Serra pelo Conselho de Defesa do Patrimônio Histórico, Artístico, Arqueológico e Turístico do Estado de São Paulo — CONDEPHAAT, mas o fato do Loteamento se inserir ou não nos limites da restrição compõe a lide no seu aspecto probatório, ainda não decidido.

O procedimento instaurado pela Promotoria local culminou, em 31 de julho de 1997, na celebração de um "Termo de Acordo Ambiental" — que nada mais é que um compromisso de ajustamento de conduta — firmado entre o Ministério Público e as três empreendedoras responsáveis pela implantação do Loteamento.

Esse compromisso, conforme seus termos, "irretratável, irrevogável e coberto pelos efeitos erga omnes"[242], objetivou a readequação do projeto original do Loteamento Iporanga com maior dimensionamento das áreas verdes, permitindo o desenvolvimento urbano aliado aos princípios de preservação ambiental, traçou duas condutas básicas especificadas nas 15 cláusulas que o compõem:

1 — Por parte das empreendedoras: supressão de parte dos lotes não vendidos e parte do sistema viário, projetados originalmente, de forma a preservar cerca de 80% da área total como área verde;

2 — Por parte do Ministério Público: liberação definitiva de 03 áreas especificadas para implantação de empreendimentos.

O compromisso apresenta diversas obrigações de responsabilidade das empreendedoras que não despertaram questionamentos, tais como o cancelamento de implantação de 105 lotes não vendidos, renúncias quanto a direitos indenizatórios, recolhimento de lixo domiciliar, tratamento de esgoto, exigência de caução e previsão de cláusula penal. Por isso, daremos ênfase aos aspectos que geraram controvérsias.

O Ministério Público restringiu a ocupação dos lotes em 20% ou 30%, dependendo do caso. Esta restrição, em princípio, não gerou o licenciamento automático desses lotes, sendo que a cláusula sétima condiciona tal ocupação à anuência dos órgãos públicos competentes e às condicionantes da lei.

---

242 Locução latina que designa a obrigatoriedade para todos de uma norma ou decisão. ACQUAVIVA, Marcus Cláudio. *Dicionário jurídico brasileiro Acquaviva*. 11ª ed. São Paulo: Editora jurídica brasileira, 2002, p. 587.

Ocorre que, na cláusula oitava e décima, o Ministério Público concorda expressamente e libera a utilização de área, cancelando todos e quaisquer embargos ambientais anteriores, autorizando a conclusão do projeto e das obras aprovadas para o local.

Já na cláusula nona, também concorda, libera e cancela embargos, porém condiciona a implantação do projeto à obediência da legislação ambiental.

Por fim, o órgão público facultou às empreendedoras requererem em juízo a homologação do termo, nos moldes do artigo 57 da Lei 9.099/95.

O termo de acordo foi considerado satisfatório e homologado pelo Conselho Superior do Ministério Público, em deliberação unânime da 1ª Turma de Julgamento do CSMP.[243]

No início de 1998, as empreendedoras ingressaram em juízo, em ação de jurisdição voluntária[244], visando à homologação do termo de acordo. Esta ação recebeu dois pareceres antagônicos do Ministério Público, neste momento já representado por outro Promotor de Justiça.

O primeiro, datado de 10 de fevereiro de 1998, não se opõe à homologação judicial. Decorrido um mês, em 10 de março de 1998, o mesmo órgão altera radicalmente seu entendimento e, alegando nem ser parte do ajustamento, opina pelo indeferimento do pedido em razão da falta de interesse de agir (necessidade), vez que o título possui natureza executiva, nos termos da Lei de Ação Civil Pública e da Lei estadual 734/93 — Lei Orgânica do Ministério Público.

---

243 Protocolado n. 48.742/97 — Relatora Conselheira Liliana Buff de Souza e Silva, deliberado em 11.11.97.

244 Ação Homologatória n. 64/98 — 3ª Vara Cível da Comarca de Guarujá.

Após a segunda manifestação, houve o indeferimento da petição inicial e a ação foi julgada, em primeira instância, extinta sem julgamento do mérito.

Em recurso de apelação[245], o E. Tribunal de Justiça de São Paulo deu provimento ao apelo das empreendedoras requerentes, alegando que a homologação é possível, tendo em vista que o artigo 113 do Código do Consumidor, que introduziu os §§ 5º e 6º ao artigo 5º da Lei 7.347/85, em verdade, foi objeto de veto expresso e, portanto, faltaria ao título eficácia executiva, razão pela qual a homologação judicial foi provida.

Neste ínterim, a Promotoria local protocolou requerimento de número 48.742/97 junto ao Conselho Superior do Ministério Público pleiteando o reexame da deliberação do Conselho referente ao arquivamento do compromisso do Loteamento Iporanga.

Aduz em seu requerimento que o ajustamento não seria definitivo e que deveriam prosseguir as investigações, a teor da Súmula 20 do CSMP; o compromisso seria nulo de pleno direito por não atender o interesse público, ferindo a legislação aplicável e, ainda, por haver novas degradações ambientais na área. Alegou que, havendo a possibilidade de recomposição da área, e sendo os bens jurídicos em discussão intransigíveis e irrenunciáveis, não era admissível a compensação na forma como foi feita, fazendo as vezes de mera indenização. Observou, também, não ser possível o cancelamento dos embargos pelo Ministério Público, pois do termo não participaram as autoridades ambientais competentes para tal, entre outras matérias dependentes de prova técnica ambiental.

---

245 Ap. Civ. n. 206.130.4/0 — 4ª Câmara de Direito Privado do TJSP, Rel. Des. Munhoz Soares, j. 27.09.2001, v.u.

As empreendedoras, por sua vez, manifestaram-se sobre o pedido de reexame, destacando a instabilidade jurídica que poderia gerar tal procedimento, vez que o termo já vem sendo cumprido e executado, tratando-se de acordo perfeito e acabado, irretratável e irrevogável, com efeito "erga omnes".

O Conselho, em sessão plenária realizada em 21.09.99, deliberou unanimemente no sentido de que o compromisso era definitivo. Quanto à possibilidade de rediscussão do termo arquivado, declarou a necessidade de novas provas que podem ser objeto de ação judicial própria. Entretanto, o termo homologado gera efeitos, entre eles, torna-se um título executivo extrajudicial.

Portanto, não poderia haver a rediscussão de matéria já homologada, sob pena de colocar em risco a própria existência da transação e a insegurança das partes que nele acordassem.

Quanto ao argumento relativo à recuperação da área, respeitou a homologação anteriormente deliberada e acentuou que essa matéria ficaria a critério do exame de cada caso individualmente considerado, ressalvando o entendimento de que a recuperação da área deve sempre prevalecer sobre qualquer outra indenização.

Em agosto de 2000, fundamentalmente com base nas razões do requerimento improvido pelo Conselho, a CAVE — Coletivo Alternativa Verde — ingressou em juízo com ação civil pública[246] requerendo, dentre outras coisas, a anulação do termo de acordo firmado entre o Ministério Público e as empreendedoras do Loteamento Iporanga.

O Ministério Público tem oficiado no feito como custos legis e, mesmo sendo signatário do ajustamento combatido,

---

246 Processo n. 886/2001, em trâmite na 3ª Vara Cível da Comarca de Guarujá.

tem se manifestado pela procedência da ação de impugnação do compromisso.

Concedida liminar no sentido de sustar todos os efeitos do compromisso de ajustamento atacado, dentre outras providências, a mesma foi cassada em julgamento de Agravo pelo Tribunal de Justiça[247], sob o argumento de que o acordo tem validade legal, portanto dotado de eficácia suficiente para desautorizar a concessão da medida.

Em contestação, o ponto relevante para o trabalho diz respeito às preliminares argüidas de falta de interesse de agir e coisa julgada. Segundo as rés, com a existência de compromisso que objetiva a regularização do passivo ambiental, não haveria interesse de agir ao co-legitimado que não trouxesse fatos novos não contemplados no ajuste.

Quanto à coisa julgada, argumentam que o acordo teria sido homologado pelo Tribunal de Justiça de São Paulo, conforme já relatamos, e que tal decisão estaria acobertada pelos efeitos da coisa julgada material, por se tratar de sentença de mérito, aos moldes do artigo 269, III do Código de Processo Civil. A única ação cabível para o caso seria a rescisória, nos termos do artigo 458, VIII e 495 do mesmo Código.

Em audiência de saneamento do processo, o juízo afastou as preliminares declarando que o Tribunal não teria ingressado no mérito da ação homologatória e, por isso, não há que se falar em rescisória, mas anulatória de ato jurídico em geral, visto que o autor alega a ilicitude do objeto do compromisso que não se pode denominar como transação, mas ajustamento de conduta.

O caso trata, portanto, de um ajustamento de conduta que tem sido atacado de diversas formas, inclusive pelo próprio Ministério Público, sob o argumento de que o Pro-

---

247 TJSP — Agravo de Instrumento n. 268.639-5/0-00.

motor local teria disposto do bem ambiental em afronta à lei, pois nada poderia ser admitido em termos de ocupação do local e usurpação da função da autoridade ambiental competente ao cancelar embargos.

Por outro lado, o compromisso tornou-se indiscutível no âmbito do Conselho Superior do Ministério Público e teria sido homologado pelo Poder Judiciário[248], obtendo força de título executivo judicial e imutabilidade da coisa julgada, sem a concordância do Ministério Público.

Este o relato dos pontos úteis ao que se pretende para o trabalho, passando, a seguir, ao estudo sistemático.

8.2 Das premissas do compromisso firmado

Pelo que se observa do compromisso em estudo, parece que o Ministério Público trabalhou no sentido de tentar aliar o desenvolvimento urbano com os princípios de preservação do meio ambiente. A noção de meio a ser protegido arrimou-se na hipótese alargada de equilíbrio ecológico[249], tentando dar uma ênfase à tolerabilidade do dano[250] que, ao convencimento do tomador, deveria girar em torno de 20% a 30% de ocupação máxima para o empreendimento.

Pela quantidade de elementos que demandam prova e se conflitam, parece claro que sua decisão pela composi-

---

248 Ao dizer que "teria sido homologado pelo Poder Judiciário" demonstra-se a falta de clareza quanto ao próprio acórdão que dá provimento ao recurso, mas não é expresso quanto à homologação, até porque aduz a necessidade de parecer do Ministério Público.

249 Sobre a noção de meio ambiente como equilíbrio ecológico, remetemos o leitor ao item 2.4 do presente trabalho.

250 A tolerabilidade do dano foi explicada no item 4.1.1.

ção, aos moldes que se apresenta, foi baseada em elementos de prova técnica e carreados com alto grau de discricionariedade que agora, vem sendo igualmente contestados por outros elementos técnicos, sem, no entanto, pressupor que um ou outro argumento técnico esteja fundamentalmente equivocado.

O fato que se apresenta para o tomador do ajuste, muitas vezes envolve uma ampla discussão que ultrapassa a avaliação fria dos textos legais. Ao tomar o ajustamento de conduta, geralmente o tomador não só se depara com uma situação que já se encontra a lume do incontrolável, como sob a ameaça de extenso combate judicial que traria maiores prejuízos ambientais.

A questão crucial que dificultará a investigação da motivação administrativa do órgão tomador é a precariedade de informações contidas na promoção de homologação do compromisso para o Conselho Superior do Ministério Público. Tal documento deveria ser a chave para a demonstração exata dos elementos de convicção e motivação da autoridade pública na eleição das cláusulas constantes no termo[251].

Este documento de promoção de arquivamento exprime considerações que reputamos merecer transcrição:

> Apenas para ilustrar, consigna-se que o ajustamento contemplou não só a recuperação da área degradada, como também outras inúmeras compensações que resultaram em ganho ambiental a justificar a composição concretizada, mormente por garantir de forma eficaz, a preservação de maciço de Mata Atlântica na Região Leste de Guarujá.

---

251 Vide item 4.2 sobre a necessidade de motivação sobre as cláusulas eleitas para compor o ajuste.

A preservação referida diz respeito a 80% do maciço de Mata Atlântica protegido com as medidas do ajustamento, tais como o cancelamento da implantação de lotes e sistema viário, originalmente projetados, bem como a diminuição da ocupação dos lotes em geral.

O termo "ganho ambiental" não deixa de ser uma expressão de interpretação ampla, intimamente relacionada com o que se concebe como interesse público.

Ainda que se note a absoluta ausência de coordenação entre o Ministério Público e os órgãos de polícia ambiental, a bilateralidade obrigacional com vistas ao interesse público, ainda que contestada, demonstra que o ajuste teve caráter eminentemente contratual cujas obrigações alcançaram todas as partes envolvidas. Muito do que se contesta tem como matéria de fundo a própria controvérsia quanto à natureza do compromisso de ajustamento de conduta e seus limites.

Evidentemente, a ausência no ajustamento dos órgãos públicos que procederam aos embargos dos empreendimentos criou um óbice de competência ao Ministério Público que não poderia tê-los levantado. O ajustamento apresenta, em suas cláusulas oitava e décima, característica de licenciamento ambiental sem a manifestação dos órgãos competentes, embora na cláusula nona, a necessidade de autorização administrativa tenha sido uma condicionante aos termos acordados.

Outro ponto relevante diz respeito aos efeitos conferidos ao compromisso de ajustamento de conduta. No caso, o termo é expresso ao conferir eficácia erga omnes ao compromisso, equiparando-o com a ação civil pública quando da representatividade extraordinária. Neste sentido, MAZZILLI:

Ao defender interesses difusos, coletivos ou individuais homogêneos, os co-legitimados ativos à ação civil pública ou coletiva não agem em busca de direito próprio, e sim em prol de interesses metaindividuais — por isso que em proveito da coletividade.(...)

Daí porque se pode afirmar que a defesa desses interesses se faz por meio de legitimação extraordinária, ou seja, nessas ações coletivas, os titulares ativos são substitutos processuais de uma coletividade mais ou menos indeterminada de lesados; esses substitutos, em nome próprio defendem interesses alheios.[252]

Em sentido oposto, limitando o efeito do ajustamento, a posição de AKAOUI:

Sob a ótica das conseqüências jurídicas emanadas da assinatura do ajustamento de conduta, o mesmo irradia seus efeitos intra partes diferentemente da ação civil pública, em que o efeito da coisa julgada é erga omnes (...)[253]

Considerando a possibilidade de extinção do processo pela falta de interesse de agir — prévia ou superveniente — com a apresentação do compromisso de ajustamento de conduta, admite-se que o órgão público tomador esteja agindo em nome legítimo da coletividade. Parece, portanto, que razão assiste à primeira posição, sem prejuízo da

---

252 MAZZILLI, Hugo Nigro. *A defesa dos interesses difusos em juízo: meio ambiente, consumidor e patrimônio cultural.* São Paulo: Saraiva, 1999, p. 304.
253 AKAOUI, Fernando Reverendo Vidal. *Compromisso de ajustamento de conduta ambiental.* São Paulo: RT, 2003, p. 98.

presunção juris tantum[254] que favorece o amplo controle dessa representatividade pela própria sociedade.

8.3 Da posição do Ministério Público e do Conselho Superior

Com base na independência funcional dos membros do Ministério Público, o presente caso acentuou a problemática dos limites de disposição e segurança jurídica advindas do compromisso de ajustamento de conduta, demonstrando, também, alguns problemas de ordem processual à medida que considerada a unidade do órgão. O parquet, oficiando como custos legis, posicionou-se contra a licitude do ajuste, do qual participara na condição de signatário tomador.

Tome-se, por exemplo, o parecer da Promotoria local, sobre a vinculação do Ministério Público ao ajuste firmado e quanto a sua atuação processual.

> Mantenho a manifestação de fls. 177/178 pelos seus próprios fundamentos, até porque, o compromisso firmado ainda não foi cumprido, há necessidade de análise técnica por assistentes da confiança do Ministério Público e não está o Órgão vinculado a acordos que os interessados venham, eventualmente, firmar devendo, isto sim, zelar pela observância das Constituições Federal e Estadual, 6.766/79, 7.805/89, dentre outras.[255]

---

[254] Locução que qualifica presunção válida até prova em contrário. ACQUAVIVA, Marcus Cláudio. *Dicionário jurídico brasileiro Acquaviva.* 11ª ed. São Paulo: Editora jurídica brasileira, 2002, p. 800.

[255] Manifestação de fls. 140 sobre a liminar concedida para sustar os efeitos do acordo, no Processo 886/2001, em trâmite na 3ª Vara Cível da Comarca de Guarujá.

Em outro parecer, aponta o órgão ministerial as razões pelo indeferimento da homologação judicial daquele compromisso:

> Não é Requerente (parte) o MP, porque o compromisso de Ajustamento firmado e devidamente homologado pelo Egrégio Conselho Superior do Ministério Público, só é título executivo extrajudicial, vale dizer, tem eficácia executória.
>
> Todavia, atuando como fiscal da lei (e ainda que fosse parte não deixaria de ser "custos legis") no presente procedimento de jurisdição voluntária, embora exista cláusula expressa em sentido contrário, *Retifico* a manifestação de fls. 59 e opino pelo indeferimento do pedido em razão da falta de interesse de agir (= necessidade) (...)[256]

Note-se que, no primeiro parecer, o órgão declara não se vincular ao termo de ajustamento em que os interessados venham a firmar. No segundo, mesmo sendo parte do ajustamento, sustenta que preservaria a condição de custos legis para propor o indeferimento do acordo que ele mesmo firmou. Seguiu-se o posicionamento de MAZZILLI, que não vê vinculação ao órgão tomador em questionar o ajustamento em juízo.

E o próprio órgão público legitimado, que tomou o compromisso do causador do dano, poderia propor a ação civil pública ou coletiva contra este último?

---

[256] Parecer no Processo n. 64/98 da 3ª Vara Cível da Comarca de Guarujá.

Se for por descumprimento do compromisso, sem dúvida alguma poderá; até deverá. Dúvida poderá surgir se o compromisso foi cumprido, ou está sendo cumprido: poderá o órgão público legitimado propor a ação?

Bem, propor uma ação para rescindir o compromisso de ajustamento, sem dúvida ele o pode. O que resta a examinar é se, sem rescindir o compromisso, poderia o compromissário ajuizar ação civil pública ou coletiva contra o compromitente.

Embora normalmente não seja coerente ou razoável que o faça, não há propriamente um óbice jurídico a isso. Primeiro, porque os compromissos de ajustamento supõem implicitamente terem sido pactuados sob a cláusula rebus sic stantibus, ou seja, se as condições de fato em que se baseou o compromisso se alterarem, nada impede que a questão seja discutida em juízo. Em segundo, os compromissos de ajustamento são garantia mínima e não máxima para a coletividade — até porque, se fossem garantia máxima estariam a impedir que o Poder judiciário conhecesse lesões de direitos metaindividuais. Assim, o compromisso de ajustamento não gera impedimento a que os co-legitimados que não o celebraram tenham acesso ao Judiciário para discutir a questão pactuada, em sua inteireza; e se os co-legitimados não têm esse impedimento, também não o tem aquele que tomou o compromisso.

[...]

Somente numa única hipótese seria possível prever que, em matéria de interesses metaindividuais, os compromissos extrajudiciais poderiam obstar à propositura de ações judiciais. Seria apenas se a própria lei federal permitisse que eventual transação isentasse o devedor de outras maiores responsabilidades civis.[257]

Tal entendimento, entretanto, não foi acompanhado pelo pleno do Conselho Superior do Ministério Público que, em reunião de 21.09.99, deliberou pela impossibilidade de rediscussão de matéria já homologada pelo Conselho, criando uma imutabilidade bem próxima à "coisa julgada" no âmbito administrativo[258]. Destacou que os fatos novos podem ser objeto de ação ou procedimentos investigatórios próprios.

Com isso, parece clara para o Conselho Superior do Ministério Público a natureza contratual administrativa do compromisso de ajustamento de conduta que, embora regido pelo direito público e uma vez aperfeiçoado, gera vinculação ao órgão, que não poderá nem mesmo ingressar com ação pelos mesmos fundamentos.

Contudo, a segurança jurídica do compromisso, preservada pelo Conselho Superior, talvez se mostre vulnerável nos casos em que o tomador seja o próprio Ministério Público porque, como no caso, um Promotor pode ter tomado o ajuste e ser substituído por outro, com entendimento diverso do primeiro que, oficiando como custos legis em ação anulatória do compromisso, venha igualmente a atacar a legalidade do ato, juntamente com o autor co-legitimado.

Neste ponto, diz a Súmula 25 do Conselho Superior do Ministério Público que não cabe intervenção do órgão su-

---

257 MAZZILLI, Hugo Nigro. O *Inquérito Civil*. São Paulo: Saraiva, 1999, p. 313-315.
258 Protocolado n. 48.742/97 — Relatora Conselheira Flora Maria Borelli Gonçalves.

perior se a transação for promovida por Promotor de Justiça no curso da ação coletiva. Fundamenta-se no fato de que o controle que ali existe é o jurisdicional, não o administrativo.

Porém, caso algum co-legitimado pretenda anular ou homologar o termo em juízo, a atuação como custos legis será necessária. A coerência entre as posições do parquet deve ser coordenada pelo Conselho, que é o órgão adequado para atuar como custos legis em tais hipóteses nas quais os atos do Ministério Público estejam sendo questionados em juízo.

O órgão superior do Ministério Público, como ente de controle e uniformização de entendimentos deve, preservada a independência funcional, zelar pela coerência de atuação dos seus órgãos, de forma a proteger a segurança jurídica dos compromissos que somente têm validade após sua homologação, bem como para verificar a ocorrência de ilegalidades a não lhes conferir a eficácia pretendida.

8.4 Da posição do Judiciário: interesse de agir e coisa julgada na ação homologatória e na ação anulatória do ajustamento de conduta

A primeira questão que se pretende analisar é a possibilidade de procedimento de jurisdição voluntária com vista a homologar judicialmente o ajustamento de conduta que, por natureza, é um compromisso extrajudicial.

No caso em estudo, a posição da primeira instância, foi no sentido de indeferir a petição inicial por falta de interesse de agir e legitimidade, considerando a objeção do Ministério Público — parte signatária do acordo.

Em apelação, o Tribunal de Justiça de São Paulo reformou tal entendimento, considerando relevante o veto expresso do artigo que confere eficácia executiva extrajudicial ao ajustamento de conduta.

Com efeito, além da incerteza da força executiva do título, a caracterizar o interesse de agir, o Ministério Público seria instado a se manifestar nos autos, pelo que a ilegitimidade também foi afastada.

Em princípio, a simples existência de dúvida razoável quanto à vigência do dispositivo legal e da incerteza quanto à eficácia executiva do título seriam argumentos válidos para a possibilidade do conhecimento judicial do termo, ainda que homologatório.

As implicações de tal procedimento, entretanto, podem ser observadas em termos de oponibilidade e efeitos. Enquanto o ajustamento de conduta, considerado como título executivo extrajudicial, não produz efeitos vinculantes aos co-legitimados não signatários que poderiam, a qualquer tempo, pleitear sua anulação judicial,[259] o termo homologado faria coisa julgada material, de acordo com o artigo 269, III, rescindível, nos termos do artigo 485, VIII, cujo prazo decadencial é de dois anos, conforme o artigo 495 do Código de Processo Civil.

Por outro lado, poder-se-ia argumentar que, nos casos de pleito anulatório, não se aplicaria a ação rescisória, mas a ação denominada querella nullitatis, prevista no artigo 486, obedecidos os prazos prescricionais do direito civil. Esta parece ter sido a posição do juízo de primeiro grau. Veremos que a questão gera controvérsias.

Diz o artigo 269:

---

[259] Importante que a desvinculação diz respeito somente às ações anulatórias. Quanto à impossibilidade de ação visando os mesmo objetivos do termo celebrado, ver Capítulo 6.

Haverá resolução de mérito:
(...)
III — quando as partes transigirem.

Significa que a sentença homologatória de acordo é sentença de mérito, alcançada pela coisa julgada.

Ao analisar as hipóteses da ação rescisória, pode-se perceber que o artigo abrange a sentença homologatória de transação. Diz o artigo 485:

> A sentença de mérito, transitada em julgado, pode ser rescindida quando:
> (...)
> VIII — houver fundamento para invalidar confissão, desistência ou transação, em que se baseou a sentença.

Para estabelecer a controvérsia, vem o artigo 486, que dispõe:

> Os atos judiciais, que não dependem de sentença, ou em que esta for meramente homologatória, podem ser rescindidos, como os atos jurídicos em geral, nos termos da lei civil.

Ou seja, este artigo, que dispõe sobre a querella nullitatis, não se vincula ao prazo decadencial de dois anos da ação rescisória. Diante disso, qual o regime a ser adotado pela ação anulatória de compromisso de ajustamento? A rescisória, mais limitada em seus prazos, ou a querella nullitatis? BARBOSA MOREIRA[260] diferencia as duas hipóteses pelo momento processual. Segundo o autor, a transação

---

260 BARBOSA MOREIRA, José Carlos. apud NERY JR. Nelson, ANDRADE NERY, Rosa Maria. *Código de Processo Civil Comentado.* 7ª ed. São Paulo: RT, 2003, p. 836.

pode ser anulada pela querella nullitatis, de que trata o artigo 486, no curso do processo. Mas, transitada em julgado a sentença de mérito, somente é cabível a ação rescisória com fundamento no artigo 485.VIII, do Código de Processo Civil.

Já o julgado inserto na Revista de Processo nº 4/397 diferencia os tipos de ação pela natureza da jurisdição, dizendo que: "É anulável, e não rescindível, a sentença proferida em procedimento de jurisdição voluntária."

Com outra visão, o julgado inserto na Revista dos Tribunais nº 791/397. Segundo este acórdão, a diferença consistiria em saber qual o ato que conteria o vício combatido. Sendo caso de anulação da transação, o vício não seria da sentença homologatória, devendo-se anular o negócio jurídico por meio do artigo 486 do Código. Neste sentido a ementa:

Transação. Homologação por sentença judicial.
Argüindo vício de vontade em acordo judicial, a sentença homologatória há de ser rescindida como os atos jurídicos cíveis, em face do que dispõe o CPC 486.

A controvérsia trazida quanto ao mecanismo adequado de controle do ajustamento e o prazo decadencial demonstram as implicações e dificuldades processuais de controle, caso admita-se a homologação judicial e o trânsito em julgado do compromisso ambiental extraprocessual.

Como já foi mencionado[261], o ajustamento de conduta ambiental deve, no máximo, provocar a falta de interesse de agir do co-legitimado. Preserva-se, assim, a precariedade do instrumento em favor do meio ambiente, que pode

---

261 Cf. item 3.2.4 e Capítulo 7.

ser objeto de controle a posteriori, com o advento de fatos novos ou mesmo de detecção de ilegalidades.

A homologação e o trânsito em julgado do ajustamento, por outro lado, provoca uma transposição da qualidade executiva do título, de extrajudicial para judicial, estabilizando-o e tornando-o imutável erga omnes.

A cognição judicial consubstancia outra implicação problemática que pode ser enfocada neste tipo de jurisdição homologatória. O acordo baseia-se na supressão da instrução e julgamento. Por realizar-se em função de circunstâncias que nem sempre são do controle do juiz, a tarefa de avaliar a adequação do compromisso à realidade ambiental, muitas vezes dependente de provas técnicas, torna-se quase impossível.

Diante dessa limitação da cognição judicial, pode-se concluir que, no caso em análise, o posicionamento judicial de primeira instância, ao indeferir a petição dos autores, abrigava razões muito mais complexas que a simples falta de interesse de agir. Expressou a preocupação com a precariedade da cognição judicial quanto ao objeto do compromisso e os riscos advindos da chancela judicial do acordo extrajudicial.

Finalmente, a Lei 8.953/94 conferiu nova redação ao artigo 585, II, do Código de Processo Civil, deixando bem clara a força executiva extrajudicial do instrumento de transação referendado pelo Ministério Público. Embora se consigne que a terminologia "transação" não seja a mais adequada ao ajustamento de conduta, não há mais razões para se invocar o veto do artigo 113 do Código do Consumidor como gerador de dúvidas quando o compromisso for feito com o Ministério Público, como no caso em estudo.

Talvez seja necessária uma reedição do dispositivo legal para reafirmar a força executiva do compromisso firmado com os demais co-legitimados para elidir definitivamente esta questão. Entretanto, como o Tribunal reformou a sentença, a questão da reapreciação de termo judicialmente homologado volta à discussão, sem ter havido uma conclusão definitiva até a presente data.

A querella nullitatis, prevista no artigo 486 do Código de Processo pode ser uma ação eficaz para eventuais ações anulatórias de acordos judiciais ambientais, que podem formar um título judicial com trânsito em julgado. Não se trata de relativizar a autoridade da coisa julgada, mas de adequar o processo civil à realidade de instabilidade representativa e a necessidade de amplo controle que permeia os interesses coletivos em geral.

Não se pode, em termos de interesse coletivo, criar um sistema de imutabilidade tão rígido a ponto de se inviabilizar o questionamento judicial dos acordos firmados e homologados judicialmente.

Outro ponto diz respeito à ação contra o termo, proposta pelo co-legitimado, na qual o interesse de agir da associação civil foi confirmado pelo juízo de primeiro grau, embora a matéria retorne à discussão pelo Tribunal em virtude da interposição de agravos retidos pelas requeridas.

Entendeu o magistrado que o pleito é anulatório, embora conste requerimento subsidiário no sentido de regular obrigações já contidas no ajuste firmado. O juízo monocrático concedeu, inclusive, liminar para suspender os efeitos do ajustamento de conduta.

Em conformidade com o exposto neste trabalho[262], o pleito de anulação do termo por ilegalidade ou insuficiência em face de fatos ou fundamentos novos confere interesse de agir ao co-legitimado.

---

[262] Cf. Capítulo 7.

Porém, em agravo de instrumento, o Tribunal de Justiça cassou a liminar, entendendo que o ajustamento possui validade suficiente a desautorizar a medida. Significa que o juízo de cognição sumária[263] não seria adequado para apreciar a ineficácia do instrumento contratual.

Parece que o Tribunal de Justiça de São Paulo partiu dos mesmos pressupostos de precariedade da cognição judicial de acordos, para manter os termos do ajuste até um juízo aprofundado, mediante a instrução e julgamento do processo.

8.5 Conclusões do estudo de caso

Apresentou-se um conflito que envolve dois processos judiciais e um administrativo, todos inter-relacionados com o mesmo compromisso de ajustamento de conduta. O conflito judicial ocorreu no caso de ação ajuizada para a homologação judicial do compromisso, alcançada com o trânsito em julgado, e na ação anulatória do ajustamento, ainda em trâmite.

O conflito administrativo se deu no âmbito do Ministério Público, após o arquivamento do inquérito por força da celebração do compromisso de ajustamento. A matéria voltou à discussão mediante requerimento de reabertura do inquérito por outro Promotor de Justiça.

O problema demonstrou, inicialmente, a controvérsia que existe quando o poder discricionário é exercido pela autoridade pública. Isto decorre da própria divergência so-

---

263 Cf. WATANABE, Kazuo. *Da Cognição no Processo Civil*. 2ª ed. São Paulo: Centro Brasileiro de Estudos e Pesquisas Judiciais, 1999, p. 125-145.

bre a natureza jurídica do ajustamento de conduta, tratado no Capítulo 3, deste trabalho.

O debate consiste em saber, basicamente, se o Promotor de Justiça tomador do compromisso ultrapassou ou não os limites impostos no exercício de suas atribuições legais.

A posição trazida por este trabalho admite que este exercício seja bem aproximado da alocação de bens e escolha entre vários interesses em busca de uma justiça distributiva ideal. Esta função necessita, na maioria dos casos, de poder legal limitado no sentido de concretizar a abstração legal e principiológica ao caso concreto.

Admite-se o poder discricionário como instrumento legal de otimização e realização de políticas públicas, por isso que é imprescindível a ampla motivação das decisões que culminaram na eleição das cláusulas pactuadas no termo.

Entretanto, não se observou a suficiência de fundamentação tanto para o esclarecimento sobre a promoção de arquivamento do inquérito civil, quanto para justificar as cláusulas do ajustamento de conduta. Com isso, dificultou-se a perquirição dos motivos jurídicos e fundamentos técnicos para a ratificação ou negação da legalidade do instrumento.

Uma vez aberto o caminho para a ampla cognição do compromisso e de seus aspectos intrínsecos, tal missão não será fácil, porque o próprio signatário público não figura no pólo passivo da demanda, não podendo trazer aos autos elementos de sua convicção.

A presente demanda enfrenta dificuldades de ordem processual, pois, apesar da evidente presença de interesse de agir em ação anulatória do ajustamento de conduta pelo co-legitimado, o Tribunal de Justiça de São Paulo transformou um título extrajudicial em judicial, possibilitando aos réus a oponibilidade da coisa julgada e de incompetência do juízo para o processamento da ação rescisória. Tal debate parece que vai se estender, tendo em vista a confusão existente entre os artigos 485, VIII e 486 do Código de Processo.

Assim também as medidas de urgência nas ações anulatórias de compromissos de ajustamento que se mostraram pouco prestigiadas em face da presunção de legitimidade ostentada por esse instrumento público.

Pôde-se observar no âmbito administrativo, que o Conselho Superior do Ministério Público tornou imutável decisão homologatória de arquivamento de inquérito ou peças de informação, tendo em vista os efeitos que tais atos produzem e a segurança jurídica advinda dos compromissos de ajustamento. Esta imutabilidade, ainda que proíba novas investigações quanto a fatos novos ou não contemplados no instrumento, avança nas garantias do direito de ação e proíbe seus quadros do próprio ajuizamento da ação pelos mesmos fundamentos.

A hierarquia de condutas, com a priorização da recuperação in natura também foi direcionada ao convencimento do tomador de acordo com sua percepção do caso em concreto, transparecendo uma concepção da discricionariedade técnica, tal qual apresentada no item 4.2 deste trabalho.

9. Conclusão

O estudo do compromisso de ajustamento de conduta ambiental apresenta com muita clareza os desafios da tutela jurídica dos interesses coletivos em sentido amplo, acentuando as diferenças em relação a um modelo processual privatista, principalmente quando se utiliza uma forma alternativa de solução de controvérsias.

Esse instrumento legal, ao permitir a estabilização das relações entre empreendedores e Poder Público apresenta-se como implementador de políticas públicas visando ao desenvolvimento sustentado, além de ser uma alternativa para evitar embates judiciais infindáveis, nos quais a cognição judicial dificilmente será adequada. Tendo em vista a multiplicidade de interessados, não traduzida nos pólos da demanda, mas que serão direta ou indiretamente afetados por seus resultados, surgem problemas de consentimento legítimo por parte dos representados extraordinariamente.

Nesse aspecto é que o compromisso de ajustamento, como um instrumento consensual, apresenta divergências quanto à sua natureza jurídica e limites. Demonstrou-se ao longo do trabalho, com base nas posições doutrinárias mais marcantes, que a indisponibilidade do bem tem sido objeto de debates para se determinar a natureza do compromisso. No entanto essa indisponibilidade não está em jogo, restando fora de questão. O que deve ser considerado é a verdadeira identificação do bem juridicamente protegido e as maneiras de sua efetiva recuperação ou preservação.

Diante da postura legislativa brasileira, optando por um antropocentrismo mitigado, percebe-se guardar o bem ambiental, objeto de tutela jurídica, maior relação com o equilíbrio do meio ambiente globalmente considerado. Ao proteger especialmente um determinado elemento ambiental, o legislador nacional considera-o enquanto influente na preservação desse equilíbrio.

Somente da concepção do antropocentrismo mitigado é que se possibilita entender a teoria da tolerabilidade do dano ambiental como forma de caracterizá-lo. Assim, partindo do princípio de que nem toda interferência humana no meio ambiente seria juridicamente relevante em termos de responsabilização, deve-se, por cautela, buscar qual o limite dessa interferência e de como ela deve ser feita, com o objetivo de não tornar o recurso natural escasso ou desprovido de suas aptidões naturais.

Basta o risco efetivo da ocorrência de tal interferência negativa, para o fato tornar-se importante para o direito e passível de responsabilização. Entretanto, no exercício dessa valoração, diversos fatores técnicos, sociais e temporais devem ser levados em conta, assim como a exeqüibilidade das alternativas técnicas apresentadas, sempre num estudo individualizado e mais abrangente possível.

Esse tipo de análise do problema ambiental, considerando todos esses critérios de forma a aperfeiçoar a sustentabilidade e minimizar conflitos, sempre com base em parâmetros legais e ostentando a devida motivação, demonstra a necessidade de se conceber o ajustamento de conduta como um instrumento de conciliação entre o interesse público, a segurança jurídica, a consensualidade e a efetividade da medida acordada, tendo por horizonte a busca do desenvolvimento sustentável.

Após análise das teorias que discutem a natureza jurídica do ajustamento de conduta, destacou-se que o repúdio por sua consideração como modalidade contratual está escorada em uma visão privatista que, em geral, assumem os contratos. Porém, ao reconhecer a existência de contrato público, não identificado com aquele previsto no direito privado, conclui-se que o ajustamento de conduta, previsto na Lei 7.347/85, possui natureza jurídica contratual pública, intimamente relacionada com a supremacia do interesse público, podendo (e até devendo) conter cláusulas exorbitantes a marcar a verticalidade nas relações entre os participantes de sua formulação.

O ajustamento de conduta possui características negociais marcadas pelas posições ativas assumidas por todos os envolvidos, devendo os limites do pactuado serem traçados caso a caso. Admite-se, a esse propósito, a discricionariedade administrativa nos atos de eleição das cláusulas contratuais, quando couber. Esse exercício discricionário deve obedecer aos critérios da legalidade que o sustentam, como a motivação e a finalidade, sendo passíveis de controle judicial quanto a esses aspectos.

Com isso, o ajustamento não se confunde com o acordo judicial porque esse último tem a função de formar um título executivo extrajudicial. O acordo judicial, por seu turno, amplia a legitimidade e é apto a formar um título executivo judicial, limitando os aspectos cognoscíveis da execução e abrindo caminhos para a formação de coisa julgada, quanto à imutabilidade da decisão homologatória.

Surgido na pendência de processo judicial e não submetido à homologação do juízo, o ajustamento de conduta pode dar ensejo à extinção do processo sem resolução de mérito, por falta de interesse de agir superveniente, nos termos do artigo 462 do Código de Processo Civil.

O ajustamento de conduta, previsto na Lei 9.605/98, é diverso daquele previsto na legislação processual civil, podendo ter por objeto apenas a remoção do ilícito administrativo tipificado naquela lei. Por nem sempre ensejar uma reparação civil, foi estudado separadamente. Neste tipo de ajustamento, a sanção administrativa não depende de um processo judicial, embora deva observar o contraditório e a ampla defesa. No ajustamento da Lei 9.605/98, não se tem por objetivo impedir a propositura de uma ação civil reparatória, mas criar uma forma de sanção negociada. Dessa forma, não há margem para discricionariedade e comporta o reconhecimento da infração, aproximando-se da transação penal, instituída pela Lei 9.099/95.

Por outro lado se, além da remoção do ilícito administrativo, o órgão integrante do SISNAMA avançar no ajustamento de forma a eliminar o dano ambiental, esse instrumento deverá seguir as mesmas regras daqueles firmados sob a égide da Lei 7.347/85, necessitando, muitas vezes, de perícia a mensurar o dano e o quantum da reparação, podendo ou não haver margem para o exercício da discricionariedade, conforme o caso.

Quanto à repercussão entre as esferas civil e administrativa, o trabalho tomou por base a legalidade, a abrangência do compromisso e a existência de fatos ou fundamentos diversos a exigir novas obrigações.

A ilegalidade do ajustamento pode ser argüida em juízo por qualquer dos co-legitimados. Demonstrou-se, no entanto, a existência de posicionamento contrário à possibilidade do próprio órgão público tomador impugnar judicialmente a legalidade do ajustamento, tendo em vista a boa-fé que se espera do ente público. No caso de impugnação judicial, o ente público deverá figurar no pólo passivo da demanda anulatória.

A insuficiência do compromisso diante de outras circunstâncias pode ser levantada por qualquer co-legitimado e mesmo pelo próprio signatário. Essa hipótese não enseja, necessariamente, a anulação do primeiro termo firmado, podendo a deficiência ser suprimida por novo ajustamento ou ação judicial autônoma.

No tocante à rediscussão das obrigações contempladas no ajustamento, não impugnado por ilegalidade e sem a ocorrência de novos fatos, induz a carência da ação por falta de interesse de agir, na modalidade necessidade. Nessa hipótese, deve o compromisso ostentar segurança jurídica. Nesse sentido, o Ministério Público tem reconhecido a validade de ajustamentos firmados com outros entes, voltando sua atuação à fiscalização do órgão público tomador para cumprimento do avençado (Súmula 30 do CSMP).

No que se refere à repercussão do ajustamento firmado com base na Lei 9.605/98, isto é, no contexto de uma infração administrativa, nada obsta que possa ser aproveitado na esfera cível, desde que seus termos sejam ampliados a contemplar obrigações que seriam objeto de eventual ação civil pública.

Quanto à repercussão penal do ajustamento, foram analisadas duas correntes opostas, a demonstrar que a questão ainda está em discussão pelos estudiosos da área. Contudo, para os crimes considerados de menor potencial ofensivo, o ajustamento de conduta realizado nas esferas cível ou administrativa pode ser aproveitado na transação penal, obedecidas as suas peculiaridades. Mesmo fora dessas hipóteses, demonstrou-se que a jurisprudência tem acatado a idéia de falta de justa causa para a ação penal nos casos de haver prévio ajustamento de conduta ou mesmo uma mera proposta de celebração.

Quanto ao controle jurisdicional do compromisso, foram analisadas algumas situações em que o próprio termo figuraria como objeto de controvérsias, demonstrando, a despeito das novas alterações introduzidas à tutela específica no processo civil, as dificuldades do Poder Judiciário em remontar circunstâncias temporais, técnicas e sociais que influenciaram as motivações do compromisso.

Foi feita uma releitura da chamada reforma estrutural para o sistema brasileiro, concluindo-se, mediante estudos estatísticos, sua viabilidade no que concerne às tutelas de urgência, não conseguindo superar os problemas estruturais de um percurso exaustivo aos moldes do procedimento ordinário. A ausência de celeridade, endêmica ao processo brasileiro, associada a problemas estruturais das ações coletivas faz surgir a necessidade de se tentar aproveitar os aspectos positivos tanto das structural injuctions, como das soluções consensuais de controvérsias.

Por essa razão, trabalhou-se com a proposta de modelo Hermes de atuação judicial, de maneira a aproximar a cognição e a imparcialidade do juiz das premissas do ajustamento de conduta, como uma espécie de gerenciamento de casos, reconhecendo-se, entretanto, que tal orientação pode trazer riscos à imparcialidade judicial, posto ser ele mesmo o julgador do processo. Neste aspecto, um modelo de subjuízes, adotado na jurisdição federal norte-americana, poderia trazer melhores resultados.

Finalmente, foi escolhido um caso prático para estudo dos temas apresentados com o propósito de demonstrar as implicações processuais advindas dos assuntos tratados neste trabalho. Com ele, conclui-se que a segurança jurídica dos compromissos de ajustamento e a posição ativa dos signatários na sua elaboração demonstram que este instrumento está longe de ser considerado uma manifestação volitiva unilateral. Ainda que, em termos de obrigações, haja a previsão de amplo desequilíbrio entre as partes em favor do interesse público, a consensualidade é marcante para a eficácia do compromisso.

Em contrapartida, percebe-se uma ampliação quanto ao controle jurisdicional do ajustamento em toda sua profundidade, a fim de se perquirir os motivos e os fatos determinantes da avença. Como a tarefa não é suficiente para a adequada cognição do acordo, um maior gerenciamento do processo poderia ser criado dentro do sistema judiciário, talvez com a utilização de juízes auxiliares, como uma forma de se produzir, com efetividade, um processo misto de adjudicação e solução alternativa de controvérsias.

Referências Bibliográficas

ACQUAVIVA, Marcus Cláudio. Dicionário jurídico brasileiro Acquaviva. 11ª ed. São Paulo: Editora jurídica brasileira, 2002.

AKAOUI, Fernando Reverendo Vidal. Compromisso de ajustamento de conduta ambiental. São Paulo: RT, 2003.

ANTUNES, L. F. Colaço. O procedimento administrativo de avaliação de impacto ambiental, Coimbra: Coimbra, 1998.

ARAÚJO, Edmir Netto de. Contratos Administrativos. São Paulo: RT, 1987.

_____. Curso de Direito Administrativo. São Paulo: Saraiva, 2005.

ARENDT, Hannah. A condição humana. Trad. Roberto Raposo. Rio de Janeiro: Forense Universitária, 2001.

BANDEIRA, Evandro F. de Viana. O Dano Ecológico nos quadros da responsabilidade civil. In: DALLARI, Adilson A.; FIGUEIREDO, Lúcia V. (coord.). Temas de Direito Urbanístico 2. São Paulo: RT, 1991.

BANDEIRA DE MELLO, Celso Antônio. Curso de direito administrativo. São Paulo: Malheiros, 1995.

_____. Celso Antônio. Legalidade, discricionariedade, seus limites e controle. Revista de Direito Público, nº 86, abril-junho. São Paulo: RT, 1988.

BARBOSA MOREIRA, José Carlos. Privatização do processo? Revista da EMERJ, n° 3, volume 1, Rio de Janeiro: Escola da Magistratura do Estado do Rio de Janeiro, 1998.

BENJAMIM, Antônio Herman V. A Natureza no Direito Brasileiro: Coisa, Sujeito ou Nada Disso. Caderno Jurídico Bioética e Biodireito, Ano I — n°2, julho de 2001, ESPM, São Paulo, 2001.

_____. O princípio do poluidor-pagador e a reparação do dano ambiental. In: BENJAMIN, Antônio Herman V. (coord.). Dano ambiental: Prevenção, reparação e repressão. São Paulo: Ed. RT, 1993.

CANOTILHO, J. J. Gomes; MOREIRA, Vital. Constituição da República portuguesa anotada. 3ª ed. Coimbra: Coimbra editora, 1993.

CAPPELLETTI, Mauro. Os métodos alternativos de solução de conflitos no quadro do movimento universal de acesso à justiça. Revista Forense, vol. 326, abril/junho, Rio de Janeiro: Forense, 1994.

_____; GARTH, Bryant. Acesso à justiça. Porto Alegre: Sergio Antonio Fabris, 1988.

_____. The judicial process in comparative perspective. Oxford: Oxford University Press, 1991.

CARNEIRO, Paulo Cezar Pinheiro. A proteção dos direitos difusos através do compromisso de ajustamento de conduta previsto na lei que disciplina a ação civil pública, 1992. Tese apresentada e publicada nos anais do 9° Congresso Nacional do Ministério Público, Bahia, Livro de Estudos Jurídicos n° 6, do Instituto de Estudos Jurídicos, 1993.

CARVALHO FILHO, José dos Santos. Ação civil pública: comentários por artigo. 3ª ed. Rio de Janeiro: Lumen Júris, 2001.

CHAYES, Abram. The role of the judge in public law litigation. Harvard Law Review, vol. 89 (maio/1976).

CINTRA, Antonio Carlos de Araújo; GRINOVER, Ada Pellegrini; DINAMARCO Cândido Rangel. Teoria geral do processo. 9ª ed. São Paulo: Malheiros, 1993.

CRETELLA JR., José. Dos atos administrativos especiais. 2ª ed. Rio de Janeiro: Forense, 1998.

CRUZ, Branca Martins da. Responsabilidade civil por dano ecológico: alguns problemas. Revista de Direito Ambiental, nº 5, São Paulo: RT, 1997.

DERANI, Cristiane. Direito ambiental econômico. São Paulo: Max Limonad, 1997.

DI PIETRO, Maria Sylvia. Direito Administrativo. 14ª ed. São Paulo: Atlas, 2002.

_____. Discricionariedade administrativa na Constituição de 1988. 2ª ed. São Paulo: Atlas, 2001.

DIAGNÓSTICO DO JUDICIÁRIO, elaborado em 2004 pela Fundação Getúlio Vargas, sob encomenda do Ministério da Justiça. Disponível em: "http:// www.mj.gov.br/reforma/". Acessado em 20.02.2006.

DINAMARCO, Cândido Rangel. A instrumentalidade do processo. 5ª ed. São Paulo: Malheiros, 1997.

DINIZ, Maria Helena. Código Civil anotado. 3ª ed. São Paulo: Saraiva, 1997.

FARBER, Daniel A; FRICKEY, Philip P. Law and Public Choice. A Critical Introdution. Chicago: The University of Chicago Press, 1991.

FERRAZ JR., Tércio Sampaio. Ética administrativa num país em desenvolvimento. Caderno de Direito Constitucional e Ciência Política, nº 22. São Paulo: Atlas, 1990.

FIGUEIREDO, Guilherme José Purvin de. Direito ambiental e a saúde dos trabalhadores. São Paulo: LTr, 2000.

FINK, Daniel Roberto. Alternativa à ação civil pública ambiental (reflexões sobre as vantagens do termo de ajustamento de conduta). In: MILARÉ, Edis (coord.). Ação Civil Pública — Lei nº 7.347/85 — 15 anos. São Paulo: RT, 2001.

_____. Alternativa à ação civil pública ambiental (reflexões sobre as vantagens do termo de ajustamento de conduta). In: MILARÉ, Edis (coord.). Ação Civil Pública: Lei 7.347/85 — 15 anos. 2ª ed. São Paulo: RT, 2002.

_____. O Estado de São Paulo, 30.03.04, Seção Espaço Aberto.

FIORILLO, Celso Antonio Pacheco e RODRIGUES, Marcelo Abelha. Manual de direito ambiental e legislação aplicável. 2ª ed. São Paulo: Max Limonad, 1999.

_____; NERY, Rosa Maria Andrade. Direito processual ambiental brasileiro. Belo Horizonte: Del Rey, 1996.

FISS, Owen. Um novo processo civil: estudos norte-americanos sobre Jurisdição, Constituição e sociedade. São Paulo: RT, 2004.

GOLDEMBERG, José. O Estado de São Paulo, 23.03.04, Seção Espaço Aberto.

GRAU, Eros Roberto. Direito, Conceitos e Normas Jurídicas. São Paulo: Revista dos Tribunais, 1988.

GRINOVER, Ada Pellegrini et al. Código brasileiro de defesa do consumidor comentado pelos autores do anteprojeto. 4ª ed. Rio de Janeiro: Forense Universitária, 1995.

_____. Juizados Especiais Criminais. São Paulo: RT, 1995.

HAHN, Claudete M. O termo de ajustamento de conduta (TAC) na Secretaria de Meio Ambiente do Estado de São Paulo (SMA). Revista de Direito Ambiental nº 32 — out./dez., 2003. São Paulo: RT, 2003.

HOUAISS. Dicionário da língua portuguesa. Disponível em "http://houaiss.uol.com.br/busca.jhtm?verbete=acordo". Acessado em 18.01.2006.

KOMESAR, Neil. Imperfect Alternatives: choosing institutions in law economics and public policy. Chicago: The University of Chicago Press, 1994.

MACHADO, Paulo Affonso Leme. Direito Ambiental Brasileiro. 11ª ed. São Paulo: Malheiros, 2003.

_____. Direito ambiental brasileiro. 3ª ed. São Paulo: Ed. RT, 1991.

MAHAR, Denis J. Government Policy and Deforestation in Brazil's Amazon Region. Technical Report World Bank. 1989 Disponível em: "http://www.worldbank.org" Acesso em: 31 de julho de 2005.

MANCUSO, Rodolfo de Camargo. Interesses Difusos. 5ª ed. São Paulo: RT, 2000.

MARINONI, Luiz Guilherme. Tutela inibitória. 2ª ed. São Paulo: RT, 2000.

MARTINS, António Carvalho. A política de ambiente da Comunidade Económica Europeia. Coimbra: Coimbra Editora, 1990.

MAZZILLI, Hugo Nigro. A defesa dos interesses difusos em juízo. 7ª ed. São Paulo: Saraiva, 1995.

_____. A defesa dos interesses difusos em juízo: meio ambiente, consumidor e patrimônio cultural. São Paulo: Saraiva, 1999.

_____. O Inquérito Civil. São Paulo: Saraiva, 1999.

MEADOWS, Dennis L. et al. Limites do crescimento — um relatório para o Projeto do Clube de Roma sobre o dilema da humanidade. São Paulo; Perspectiva, 1972.

MEDAUAR, Odete. Controle da Administração Pública. São Paulo: RT, 1993.

_____. Direito Administrativo moderno. 2ª ed. São Paulo: RT, 1998.

MEIRELLES, Hely Lopes. Direito administrativo brasileiro. 24ª ed. São Paulo: Malheiros, 1999.

_____. Proteção Ambiental e Ação Civil Pública. Revista dos Tribunais nº 611, São Paulo: RT, 1986.

MELLO, Oswaldo Aranha Bandeira de. Princípios gerais de direito administrativo. Vol. I. Rio de Janeiro: Forense, 1969.

MILARÉ, Édis; AGUILAR COIMBRA, José de Ávila. Antropocentrismo X Ecocentrismo na ciência jurídica. Revista de Direito Ambiental, ano 9, nº 36, outubro-dezembro 2004, São Paulo: Editora RT, 2004.

_____. Direito do Ambiente, São Paulo: RT, 2000.

_____. Direito do Ambiente. 3ª ed. São Paulo: RT, 2004.

_____. Legislação ambiental do Brasil. Revista da Associação Paulista do Ministério Público, São Paulo, 1991.

_____. O compromisso de ajustamento de conduta e a responsabilidade penal ambiental. In: MILARÉ, Édis (coord.). Ação Civil Pública após 20 anos: efetividade e desafios. São Paulo: RT, 2005.

MIRABETE, Julio Fabrini. Juizados especiais criminais. 3ª ed. São Paulo: Atlas, 1998.

MIRRA, Álvaro Luiz Valery. Ação civil pública e a reparação do dano ao meio ambiente. 2ª ed. São Paulo: ed. Juarez de Oliveira, 2004.

MORAES, Alexandre de. Direito Constitucional. 11ª ed. São Paulo: Atlas, 2002.

MORATO LEITE, José Rubens. Dano ambiental: do individual ao coletivo extrapatrimonial. São Paulo: RT, 2000.

MOREIRA NETO, Diogo de Figueiredo. A reforma do Estado e o Poder Judiciário. Revista da EMERJ — Escola da Magistratura do Estado do Rio de Janeiro, 1998, volume 1, nº 3.

NAESS, Arne. The deep ecological movement: some philosophical aspects. In: ZIMMERMAN, Michael E. (org.). Environmental Philosophy: from animal rights to radical ecology. New Jersey: Prentice Hall, 1998.

NERY JR., Nelson. Compromisso de ajustamento de conduta: solução para o problema da queima da palha da cana-de-açúcar. Revista dos Tribunais nº 629, São Paulo: RT, 1988.

_____, ANDRADE NERY, Rosa Maria. Código de processo Civil Comentado. 7ª ed. São Paulo: RT, 2003.

NUSDEO, Fábio. Fundamentos para uma Codificação do Direito Econômico. São Paulo: RT, 1995.

OST, François. Júpiter, Hércules, Hermes: Três modelos de juez. Madrid: DOXA nº 14, 1993.

PEPPER, David. Ambientalismo moderno. Lisboa: Piaget, 1996.

PRIEUR, Michel. Droit de l'Enviroment. 2ª ed. Paris: Dalloz, 1991.

PROENÇA, Luiz Roberto. Inquérito Civil. Atuação investigativa do Ministério Público a serviço da ampliação do acesso à Justiça. São Paulo: RT, 2001.

REALE, Miguel. O Estado de São Paulo, 28.02.04, 13.03.04 e 10.04.04, Seção Espaço Aberto.

RISKIN, Leonard L.; WESTBROOK, James E. Dispute and Lawyers. Abridged edition. St. Paul: West Publishing Co., 1988.

RODRIGUES, Geisa de Assis. Ação civil pública e termo de ajustamento de conduta. Teoria e prática. Rio de Janeiro: Editora Forense, 2002.

SALLES, Carlos Alberto de. A execução específica e a ação civil pública. In: MILARÉ, Edis. A ação civil pública após 20 anos: efetividade e desafios. São Paulo: Ed. RT, 2005.

_____. Execução judicial em matéria ambiental. São Paulo: RT, 1999.

_____. Mecanismos Alternativos de Solução de Controvérsia e Acesso à Justiça: a inafastabilidade da tutela jurisdicional recolocada (no prelo).

_____. Processo civil de interesse público. In: SALLES, Carlos Alberto de (coord.). Processo Civil e Interesse Público. São Paulo: RT: 2003.

SANTOS, Moacyr Amaral. Primeiras linhas de direito processual civil. 1º Vol., 20ª ed. São Paulo: Saraiva, 1998.

SATO, Jorge. Mata Atlântica — direito ambiental e a legislação. São Paulo: Hemus, 1995.

SENDIM, José de Souza Cunhal. Responsabilidade civil por danos ecológicos: da reparação do dano através da restauração natural. Coimbra: Ed. Coimbra, 1998.

SILVA, José Afonso da. Direito ambiental Constitucional. 2ª ed. 3ª tiragem, São Paulo: Malheiros, 1998.

SINGER, Peter. Ética prática. Trad. Jefferson Luiz Camargo. São Paulo: Martins Fontes, 1994.

VIEIRA, Fernando Grella. A transação na esfera da tutela dos interesses difusos e coletivos: compromisso de ajustamento de conduta. In: MILARÉ, Edis (coord.). Ação civil pública: Lei 7.347/85 — reminiscências e reflexões após dez anos de aplicação. São Paulo: Revista dos Tribunais, 1995.

WATANABE, Kazuo. Da Cognição do Processo Civil. 2ª ed. São Paulo: Central de Publicações Jurídicas, 1999.

_____. Tutela Antecipatória e tutela específica das obrigações de fazer e não fazer. In: TEIXEIRA, Sálvio de Figueiredo (org). Reforma do Código de Processo Civil. São Paulo: Saraiva, 1996. Revista de Direito Administrativo, nº 90, São Paulo: FGV, 1967.

Impresso em offset nas oficinas da
FOLHA CARIOCA EDITORA LTDA.
Rua João Cardoso, 23 – Tel.: 2253-2073
Fax.: 2233-5306 – Rio de Janeiro – RJ – CEP 20220-060